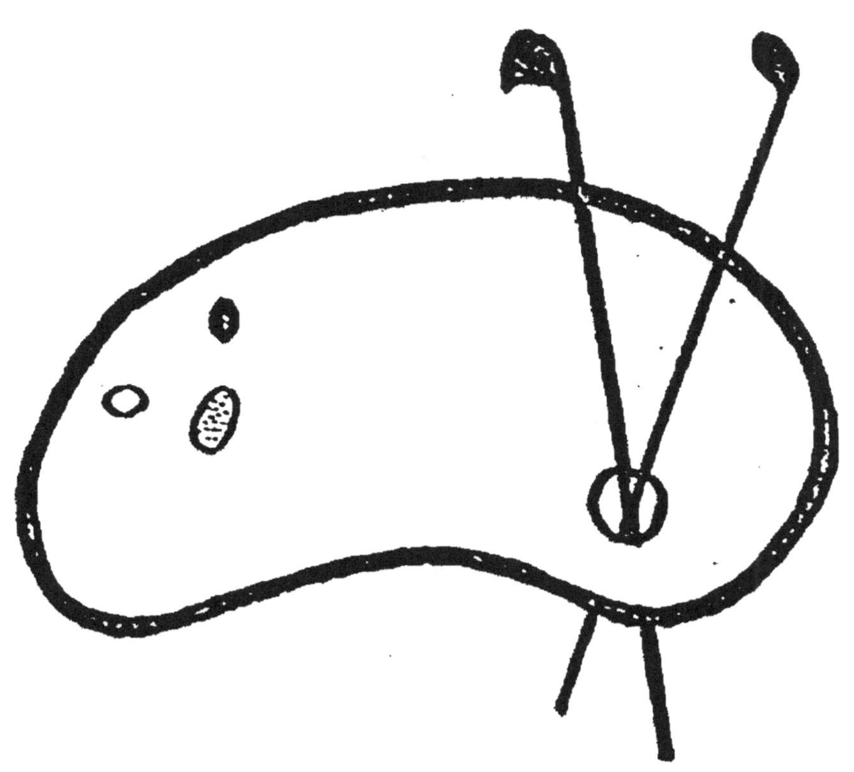

DEBUT D'UNE SERIE DE DOCUMENTS
EN COULEUR

LOIS, DÉCRETS

ET

RÈGLEMENTS DE DOUANES

SPÉCIAUX A L'ALGÉRIE

Par H. ADNESSE

ANCIEN DIRECTEUR DES DOUANES DE L'ALGÉRIE

ROUEN

IMPRIMERIE JULIEN LECERF

1893

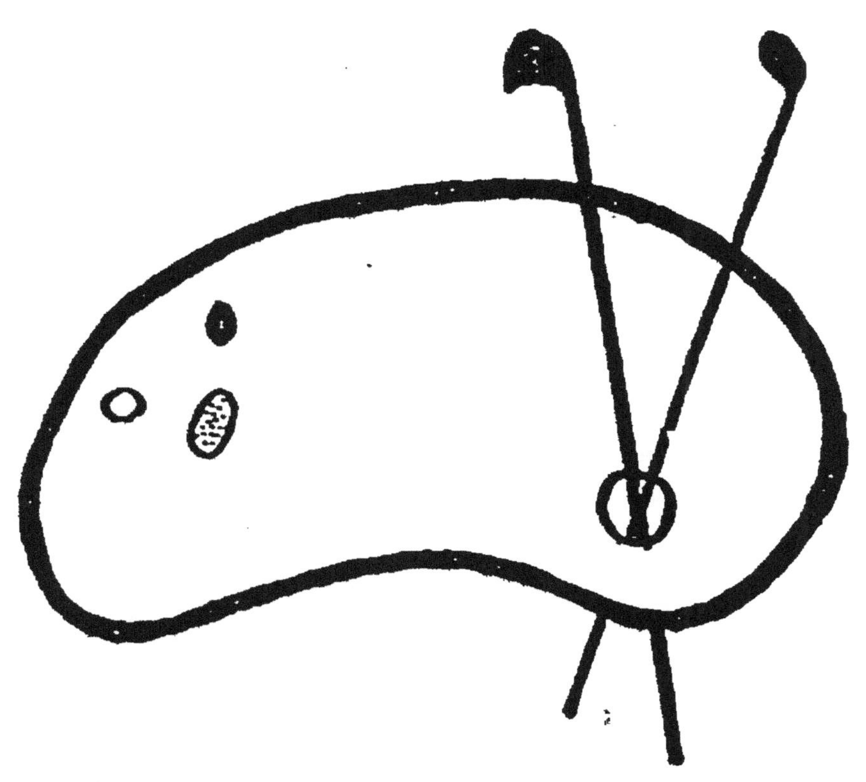

FIN D'UNE SÉRIE DE DOCUMENTS
EN COULEUR

LOIS, DÉCRETS

ET

RÈGLEMENTS DE DOUANES

SPÉCIAUX A L'ALGÉRIE

LOIS, DÉCRETS

ET

RÈGLEMENTS DE DOUANES

SPÉCIAUX A L'ALGÉRIE

Par H. ADNESSE

ANCIEN DIRECTEUR DES DOUANES DE L'ALGÉRIE

ROUEN

IMPRIMERIE JULIEN LECERF

1893

DIVISION

§ 1ᵉʳ. — Régime douanier spécial à l'Algérie.

§ 2. — Concours de la Douane algérienne à d'autres services.

§ 1ᵉʳ.

§ II.

LOIS, DÉCRETS

ET

RÈGLEMENTS DE DOUANES

SPÉCIAUX A L'ALGÉRIE

§ Ier.

CHAPITRE Ier.

APPLICATION DES LOIS, DÉCRETS ET RÈGLEMENTS.

1. Les lois, ordonnances, décrets et règlements actuellement applicables en matière de Douanes dans la Métropole seront également appliqués en Algérie en tout ce qui n'est pas contraire aux dispositions de la présente loi. (Loi du 17 juillet 1867, art. 9; circulaire du 23, n° 1067.)

2. En présence de ce texte, corroboré par l'article 1er d'un décret du 25 février 1851 (Voir n° 6 ci-après), portant « que les lois » ou décrets rendus en matière de Douanes seront applicables à » l'Algérie, à compter du jour où ils seront réputés connus à Alger, » d'après les règles établies par l'article 1er du Code civil », M. de Ménerville (*Dictionnaire de Législation algérienne*, t. I, p. 298), et M. Sautayra (*Législation algérienne*, p. 11) estiment que les lois relatives aux Douanes sont exécutoires de plein droit en Algérie, sans promulgation. Cette opinion a été adoptée par la Cour d'Alger, 24 juin 1878. — Voir également : Tribunal de Marseille, 12 décembre 1877; Tribunal d'Aix, 9 juin 1879.

3. Mais la question ayant été portée devant la Cour de cassation, à l'occasion d'un procès auquel avait donné lieu l'application de la loi du 30 janvier 1872 sur le droit de quai, la Cour suprême, toutes Chambres réunies, a décidé, le 22 juillet 1881, que « l'article 9 de » la loi du 17 juillet 1867, qui ne touchait qu'à l'organisation du » service des Douanes, ne se référait qu'aux lois et règlements » alors en vigueur, en tant qu'ils n'étaient pas contraires à la » législation spéciale de cette Colonie, mais qu'on ne saurait induire » de ce texte, emprunté à la loi du 11 janvier 1851[1] et aux ordon- » nances de 1835[2] et de 1843[3], que le régime douanier de l'Algérie » dût être à l'avenir réglé de plein droit par les lois publiées en » France ». — (D. P. 82, 1. 25, et les conclusions de M. le Procu- reur général Bertauld, et le rapport de M. le Conseiller Gast. — Voir encore Cassation, 5 janvier 1871. D. P. 71. 1. 65. — 5 mars 1879. D. P. 79. 1. 193, et les conclusions de M. l'Avocat général Desjardins. — Comp. Robinet de Cléry, *Régime législatif de l'Algérie;* Albert Desjardins, *Revue critique,* 1878, p. 191 et suiv.[4])

(Extrait des *Pandectes françaises;* Chevalier-Marescq et Cie, Paris, 1892 (n°s 2035 et 2036.)

4. Le Gouvernement peut, par voie de décrets, pour l'Algérie :
1° Déterminer les bureaux et zones du littoral et de la frontière

---

1. Art. 10.

2. Art. 20.

3. Art. 21.

4. Pour les conditions générales d'applicabilité des lois en Algérie, voir de Ménerville, *Dictionnaire de Législation algérienne,* vol. de 1860-66, 1866-72: Hugues et Lapra, *Code algérien,* 1872-1878 (art. promulgation).

La promulgation en Algérie n'est pas nécessaire :

Pour les lois ou dispositions de loi qui ont spécialement et expressément l'Algérie en vue. — Cour d'Alger, 25 octobre 1865 (de Ménerville, 1860-66, p. 183) ;

Pour les lois qui n'ont pas pour objet de réglementer une matière nou- velle et spéciale, mais d'apporter une simple modification à l'un des articles de la loi ancienne, pleinement en vigueur en Algérie. — Cour d'Alger, 30 juillet 1861 (de Ménerville, *ibid.*)

de terre par où doivent avoir lieu les importations et les exportations, suivant les provenances et les classifications;

2° Désigner le lieu des entrepôts réels sur la côte et dans l'intérieur, et réglementer ces entrepôts;

3° Établir et réglementer des bureaux de visite et de garantie nécessaires pour empêcher les produits frauduleux de nuire au commerce de la France avec l'intérieur de l'Algérie;

4° Accorder temporairement l'exportation à l'étranger des armes, projectiles, et des munitions de guerre;

5° Appliquer aux contraventions commises contre les dispositions des décrets sur ces diverses réglementations des amendes fixées par voie de règlement d'administration publique, sans préjudice de la confiscation des objets saisis en fraude ou contrebande, d'après les règles suivies en France. Les décrets rendus dans ce dernier cas doivent être soumis aux Chambres pour être converties en lois dans le cours de l'année qui suivra leur mise en exécution. (Loi du 11 janvier 1851, art. 9; circulaire du 29, n° 2421);

6° Modifier la nomenclature du tableau **A** annexé à la loi du 17 juillet 1867; ces décrets devront être convertis en projets de lois et soumis dans le délai d'une année à la sanction législative. (Loi du 17 juillet 1867, art. 8; circulaire du 23, n° 1067.)

5. Le Conseil consultatif institué auprès du Gouverneur général est appelé à donner nécessairement son avis sur l'établissement, la modification, la suppression..... des tarifs de droits de Douane ou d'Octroi en Algérie. (Décret du 30 avril 1861, art. 1ᵉʳ § 19.)

6. Les règles pour la promulgation des lois *de Douanes* sont, en Algérie, les mêmes qu'en France. (Décret du 25 février 1851, art. 1 et 2; circulaire du 31 mars, n° 2431, et observations préliminaires du tarif, n° 284, renvoi 1.)

CHAPITRE II.

ORGANISATION DU SERVICE.

1. L'Administration des Douanes, en Algérie, est placée dans les attributions du Ministère des Finances. (Arrêté du pouvoir exécutif du 12 octobre 1848, art. 1ᵉʳ; circulaire du 10 novembre, n° 2283.)

Il résulte de cette disposition que le service de l'Algérie relève directement de l'Administration des Douanes. (Circulaire n° 2283.)

2. Tout le service des Douanes en Algérie est placé sous les ordres d'un Directeur résidant à Alger. (Arrêté présidentiel du 26 décembre 1848, art. 1ᵉʳ; circulaire du 10 janvier 1849, n° 2298.)

3. Les règlements généraux qui déterminent les conditions d'admission et d'avancement, ainsi que le mode de nomination des employés de tous grades des Douanes, sont applicables aux agents du même service en Algérie. (Décret du 27 juin 1849, art. 1ᵉʳ; circulaire du 12 juillet, n° 2335.)

4. *Fonctions et emplois civils auxquels l'indigène musulman ou israélite qui ne jouit pas des droits de citoyen français peut être appelé en Algérie :*

.... Commis de tous grades dans les bureaux des services.... des Douanes.... préposé, brigadier et officier du service des Douanes, jusqu'au grade de capitaine inclusivement.... (Tableau annexé au décret du 21 avril 1866.)

Retraites.

5. Pour les fonctionnaires et employés envoyés d'Europe en Algérie.... le traitement normal assujetti à la retenue est fixé dans chaque grade d'après le traitement de l'emploi correspondant ou qui lui est assimilé en France.... Le surplus constitue le supplément de traitement colonial qui est exempt de retenue. (Décret du 9 novembre 1853, art. 22; circulaire du 31 décembre, n° 173.)

6. Les dispositions de l'article 10 de la loi du 9 juin 1853 sont tout aussi applicables aux agents placés en Algérie qu'à ceux des Colonies. (Circulaire du 31 décembre 1853, n° 173, p. 2, dernier paragraphe.)

7. Les indigènes titulaires de fonctions ou emplois civils ont droit à la pension de retraite, aux conditions, dans les formes et suivant les tarifs qui régissent les fonctionnaires et employés civils en France. Toutefois, leurs veuves ne sont admises à la pension que si le mariage a été accompli sous la loi civile française. (Décret du 21 avril 1866, titre III, art. 10, et avis du Conseil d'Etat du 28 juillet 1891, tranmis le 21 octobre suivant.)

Établissements. — Bureaux.

8. — *Frontières maritimes.*

Des bureaux de Douanes sont établis dans les ports ci-après :

Nemours (Djemmaa el Ghazaouat). — Ordonnance du 17 janvier 1845 et décision du Gouverneur général du 9 juillet suivant.

Beni-Saff. — Décret du 15 mars 1877 et décision administrative du 30 mai suivant.

Mers el Kébir. — Décision ministérielle du 26 novembre 1836.

Oran. — Arrêtés du Général en chef du 7 septembre 1831, et de l'Intendant civil du 20 avril 1832.

Arzew. — Arrêté du Gouverneur général du 5 janvier 1835.

Mostaganem. — Arrêté du Gouverneur général du 5 janvier 1835.

Tenez. — Décision du Gouverneur général du 15 avril 1843.

Cherchell. — Arrêté du Gouverneur général du 16 mars 1840.

Alger. — Arrêtés du Général en chef du 17 septembre 1830, et de l'Intendant civil du 20 avril 1832 [1].

Dellys. — Décision du Gouverneur général du 21 juin 1844.

Bougie. — Arrêté du Gouverneur général du 5 janvier 1835.

Djigelli. — Décision du Gouverneur général du 29 mai 1839.

---

1 Un laboratoire de Douanes a été créé à Alger, par décision de l'Administration du 5 juillet 1892.

Collo. — Arrêté du Gouverneur général du 21 décembre 1842.

Stora. — Décision du Gouverneur général du 26 février 1845.

Philippeville. — Arrêté du Gouverneur général du 24 décembre 1839.

Bône. — Arrêté de l'Intendant civil du 20 avril 1832.

La Calle. — . . . . 1841.

9. — *Frontières de terre.*

Des bureaux de Douanes sont établis sur les points suivants :

Frontière Ouest.

1re ligne.

Gar Rouban. — Décret du 24 juillet 1890.

Lalla Maghrnia. — Même décret.

Nedromah. — Même décret.

Nemours. — En même temps Douane maritime et Douane de terre (Décision administrative du 17 août 1854 et décret du 24 juillet 1890).

2e ligne :

Sebdou. — Arrêté du Ministre des Finances du 13 décembre 1890.

Tlemcen. — Même arrêté.

Montagnac (Remchi). — Même arrêté.

Beni Saff. — En même temps Douane maritime (Décret du 15 mars 1877), et Douane de terre (Décret du 24 juillet 1890, art. 2).

Frontière Est.

1re ligne.

La Calle. — En même temps Douane maritime et Douane de terre (Décision administrative du 17 août 1854 et décret du 24 juillet 1890, art. 1er).

Roum el Souk. — Décret du 24 juillet 1890, art. 1er.

Bou Hadjar. — Même décret.

Ghardimaou (gare internationale). — Décision administrative du 22 septembre 1884 et décret du 24 juillet 1890, art. 1er.

Soukahras. — Décrets des 11 août 1853, art. 2, et 24 juillet 1890, art. 1er.

Aiounet el Dieb. — Décret du 24 juillet 1890, art. 1er.

Tébessa. — Décrets des 11 août 1853, art. 2, et 24 juillet 1890, art. 1er.

Biskrâ. — Décret du 24 juillet 1890, art. 1er.

El Oued. — Même décret.

2e ligne.

Khenchela. — Arrêté du Ministre des Finances du 13 décembre 1890.

10. — *Intérieur*.

Constantine. — Décision administrative du 14 mars 1871.

11. Les bureaux de 1re ligne de Gar Rouban, Nedromah, Roum el Souk, Bou Hadjar, Aiounet el Dieb, sont gérés par des brigadiers-buralistes. (Décision de l'Administration du 13 août 1890, approuvant les propositions du Directeur à Alger, en date du 25 août 1889.)

12. La gestion des bureaux des Douanes de 2e ligne de Sebdou, Tlemcen, Montagnac (Remchi), Khenchela, et des bureaux de 1re ligne de Lalla Maghrnia et de Biskra, est confiée aux Receveurs des contributions diverses de ces localités. (Arrêtés du Ministre des Finances du 13 décembre 1890, et du Gouverneur général de l'Algérie du 30 du même mois.)

13. Il est alloué, pour cette gestion, aux Receveurs des contribution diverses ci-dessus, une indemnité annuelle de 300 francs sur les fonds du personnel de l'Administration des Douanes. (Décision administrative du 13 août 1890, et état de frais de Régie approuvé par l'Administration le 7 février 1891.)

14. *Règlement relatif à la gestion des bureaux de Douanes par les Receveurs des contributions diverses en Algérie* (Décisions en date du 22 décembre 1890 de M. le Directeur général de la comptabilité publique, et du 24 du même mois de M. le Conseiller d'Etat Directeur général des Douanes) :

I.

COMPTABILITÉ ET CAISSE.

§ 1er. Pour respecter le principe de l'unité de caisse (art. 21 du décret du 31 mai 1862), les Receveurs des contributions diverses chargés des fonctions de Receveurs des Douanes ne tiendront qu'un seul journal de caisse.

§ 2. Les perceptions de Douanes figureront dans les écritures du service des contributions diverses, sur le bordereau série H, n° 13, aux « opérations de Trésorerie, fonds particuliers de divers » sous les titres manuscrits : « Recouvrements opérés pour le compte des Receveurs des Douanes, » et « versements aux Receveurs principaux des Douanes ».

§ 3. Les recettes seront transférées le 1er de chaque mois par les Receveurs des contributions diverses dans la caisse des Receveurs principaux des Douanes, par la voie de virements. C'est aussi au titre de virements de fonds que seront effectuées *toutes* les dépenses pour le compte de la Douane.

§ 4. Pour éviter toute cause d'erreur, aucune compensation né sera faite ; l'intégralité des opérations sera toujours comprise dans les écritures, soit en recettes, soit en dépenses. En ce qui concerne les rapports entre les comptables des deux services, les Receveurs des contributions diverses fourniront le 1er de chaque mois, au Receveur principal des Douanes, le bordereau de recette et de dépense série C, n° 6.

§ 5. Ce document constituera un simple bordereau d'ordre qui permettra au Receveur principal des Douanes de faire, à la réception des pièces de virement, l'application des recettes et des dépenses. A ce bordereau sera annexé un état détaillé des marchandises importées ou exportées, nécessaire pour la tenue à jour des écritures de la statistique commerciale.

§ 6. Les Inspecteurs des Douanes devront s'assurer de la régularité des perceptions effectuées pour le compte de leur Administration ; mais la constatation de l'existence en caisse de ces mêmes perceptions restera dévolue aux Chefs de contrôle des contributions diverses.

II.

MATÉRIEL.

§ 1. Les imprimés, ainsi que les divers sommiers ou registres nécessaires aux Receveurs des contributions diverses pour assurer le service des

Douanes, seront fournis par cette dernière Administration. Il en sera de même pour tous les objets et instruments nécessaires à la visite et à la vérification des marchandises.

§ 2. Les Receveurs des contributions diverses seront matériellement responsables des objets et imprimés appartenant au service des Douanes. Ils devront tenir des feuilles-inventaires où seront inscrits tous les objets et instruments de visite. En cas de changement de comptable, il devra être dressé un état de récolement.

III.

SERVICE GÉNÉRAL.

§ 1. Les Receveurs des contributions diverses correspondront directement avec les Chefs supérieurs du service des Douanes, pour toutes les affaires concernant ce service qu'ils auront à traiter. Les plis relatifs à cette correspondance porteront la suscription : « Receveurs des contributions diverses et des Douanes ».

§ 2. Le service des Douanes n'aura pas à intervenir dans les questions de personnel. Toutefois, pour des faits se rattachant spécialement au service des Douanes, les enquêtes, s'il en est ordonné, pourront être faites contradictoirement par les deux Administrations.

En cas de mutations dans le personnel des Receveurs des contributions diverses, remplissant les fonctions de Receveurs des Douanes, le Directeur des Douanes sera informé de la mutation en même temps que son Collègue des contributions diverses.

§ 3. Le cautionnement des Receveurs des contributions diverses chargés de la gestion d'un bureau de Douanes servira de garantie pour leur double gestion.

(Règlement approuvé sous la date du 30 décembre 1890 par le Gouverneur général de l'Algérie.)

15. Les divers bureaux de l'Algérie sont divisés en quatre Recettes principales, savoir :

Oran[1]. — Bureaux de Gar Rouban, Lalla Maghrnia, Nedromah,

---

1. Siège d'une Inspection divisionnaire.

Nemours, Sebdou, Tlemcen, Montagnac (Remchi), Beni Saf, Mers el Kebir, Oran, Mostaganem.

Alger [1]. — Bureaux de Tenez, Cherchell, Alger, Dellys.

Philippeville [2]. — Bureaux de Bougie, Djigelli, Stora, Collo, Philippeville et Constantine.

Bône [3]. — Bureaux de Bône, La Calle, Roum el Souk, Bou Hadjar, Ghardimaou, Soukahras, Aiounet el Dieb, Tébessa, Biskra, El Oued, Khenchela. (Décisions administratives des 6 janvier 1849 et 25 mai 1850, et états de frais de régie arrêtés par l'Administration le 7 février 1891.)

16. Les heures d'ouverture et de fermeture des bureaux des Douanes de l'Algérie sont modifiées et établies ainsi qu'il suit :

Du 1er octobre au 31 mars, de huit heures à onze heures du matin, et de une heure à cinq heures du soir.

Du 1er avril au 30 septembre, de sept heures à onze heures du matin, et de deux heures à six heures du soir. (Décret du 25 juillet 1890, art. 1er.)

17. Les agents du service des Douanes devront, conformément à l'article 5, titre XIII de la loi du 22 août 1791, se trouver aux bureaux pendant les heures ci-dessus fixées, sous peine de répondre des dommages-intérêts des redevables qu'ils auront retardés. (Décret du 18 juin 1851 art. 2.)

18. Le présent décret devra rester affiché dans tous les bureaux de Douanes de la colonie. (Même décret, art. 3.)

19. *Rapports généraux de service.* — Les rapports des Inspecteurs doivent parvenir à la Direction, au plus tard le 30 du mois qui suit la période trimestrielle. Les rapports des Directeurs doivent parvenir à l'Administration le 15 du deuxième mois venant après la dite période. (Décision de l'Administration du 28 août 1874.)

---

1. Siège d'une Inspection divisionnaire.

2. Siège d'une Sous-Inspection divisionnaire.

3. Siège d'une Inspection divisionnaire.

20. Le *Bulletin de commerce* de la Direction est adressé à l'Administration le 15 du second mois qui suit la période pour laquelle il est produit. (Décision de l'Administration du 28 janvier 1888.)

---

21. Chacune des brigades de cavalerie placées sur les frontières de terre de l'Algérie est composée d'un brigadier, d'un sous-brigadier, d'un sous-brigadier auxiliaire (préposé de première ou de deuxième classe, portant les insignes et ayant les attributions de sous-brigadier) et de quatre auxiliaires indigènes [1].

22. Les cavaliers auxiliaires indigènes sont divisés en deux classes; le traitement annuel est de 900 francs pour la première classe, et de 800 francs pour la seconde. La dépense figure au chapitre du personnel, article 3, sous le titre de « *rétribution aux cavaliers auxiliaires indigènes* ». (Décision du 13 août 1890, lettre de l'Administration du 26 septembre suivant, et états de frais de régie arrêtés le 7 février 1891.)

23. Il sera prélevé annuellement sur le produit de l'octroi de mer une somme de 13,620 francs, destinée à parfaire la rétribution de 46 cavaliers indigènes faisant partie des brigades mixtes de cavalerie.

Suivant la règle adoptée en matière de fonds de concours, cette somme vient en accroissement des dépenses budgétaires de l'Administration des Douanes.

Quant à la somme de 13,620 francs à inscrire en augmentation au budget des recettes, service des Douanes de l'Algérie, elle fait l'objet, à l'article *droits divers et recettes accessoires*, d'un nouveau paragraphe qui prend place immédiatement après celui de 5 0/0 relatif à l'octroi de mer [2], sous le titre de *subvention complé-*

---

1. Par décision de l'Administration du 18 mai 1892, il a été créé dans chaque brigade un second emploi de sous-brigadier auxiliaire français; par contre, on a supprimé un emploi de cavalier indigène.

2. Voir le n° 8 du chapitre XIII.

mentaire par les communes algériennes, pour frais de perception de l'octroi de mer. (Lettres de l'Administration des 25 avril et 13 août 1890.)

24. L'uniforme des cavaliers auxiliaires se compose des articles ci-après :

Prix du maître-tailleur
des Douanes.

Burnous en drap gris bleuté	51 f. 04 c.
Veste en drap vert.	23 49
Sous-veste en drap de garance . . .	14 86
Sous-veste en toile de Laval. . . .	9 46
Pantalon en drap gris bleuté	33 57
Pantalon en toile de Laval.	13 03

Dès leur admission, les cavaliers auxiliaires sont tenus de se munir du burnous en drap gris bleuté ; pour le surplus, il est toléré que pendant la première année de service ils portent leurs vêtements ordinaires, à la condition que ces vêtements soient propres et convenables. Au bout de la première année, les cavaliers auxiliaires doivent être munis de l'uniforme complet.

25. Pour la fourniture de l'uniforme, les cavaliers auxiliaires s'aboucheront directement avec le maître-tailleur de l'Administration des Douanes à Alger. Toutefois les Officiers de Douanes sont autorisés à servir, à titre officieux, d'intermédiaires pour la commande des vêtements et leurs livraison, entre les cavaliers auxiliaires et le maître-tailleur. Les livraisons d'effets n'ont lieu que contre remboursement immédiat.

26. Les cavaliers auxiliaires se montent à leurs frais ; la nourriture et l'entretien de leur cheval sont aussi à leur charge. (Délibération du Conseil des masses du 7 mai 1890, approuvée le 23, et décision administrative du 24 octobre suivant.)

27. Les cavaliers indigènes sont admis à prêter serment devant le Tribunal de première instance le plus rapproché du poste qui leur est assigné lors de leur nomination. (Décision de l'Administration du 27 septembre 1890.)

28. Eu égard à la grande étendue du littoral algérien (plus de 1,200 kilomètres), l'établissement de brigades de Douanes sur tous les points de la côte aujourd'hui accessibles et reliés avec l'intérieur entraînerait des dépenses considérables et hors de proportion avec l'importance des intérêts fiscaux que la Douane de la Colonie est chargée de sauvegarder.

Par suite, il a été réglé qu'à partir du 1er janvier 1890, le littoral algérien serait gardé par un cordon d'embarcations à voile de 1 1/2 à 2 tonneaux, montées par des marins rompus à la manœuvre et recrutés parmi les inscrits maritimes ayant navigué à la pêche ou à la marine marchande à voiles.

29. Ces embarcations sont appuyées et contrôlées par deux petits bâtiments à vapeur, marchant aussi à la voile, placés sous l'autorité directe du Directeur, et dirigés par un Officier de Douanes prenant le titre de « *Sous-Lieutenant de marine* ». (Décision de l'Administration du 25 novembre 1890.)

30. *Prescriptions essentielles à observer par les postes munis de canots à voile :*

Les canots servent à transporter les services d'observation, d'embuscade et de détachement sur les points à surveiller.

Ils doivent toujours être montés par quatre hommes au moins, y compris le patron ou le sous-patron.

Les ordres de service sont concertés entre le chef de la brigade et le sous-patron montant l'embarcation; tous deux signent les ordres au registre de travail du poste.

L'ordre de service est reproduit sur le carnet de détachement. Le sous-patron commandant à bord se conforme à l'ordre, à moins que les nécessités de la navigation ne s'y opposent, auquel cas il l'indique sur le carnet.

Les rapports doivent être inscrits et signés jour par jour sur le carnet de détachement, après lecture faite aux hommes.

Sous peine d'encourir la dégradation, les sous-patrons doivent relater exactement sur le carnet tous les incidents qui se produisent.

Les Lieutenants devront parfois commander des services de détachement, les diriger et les exécuter eux-mêmes avec les hommes.

Les canots doivent s'éloigner le moins possible de la côte et naviguer d'un point de refuge à l'autre avec la plus grande prudence.

Quand le temps menace, les canots doivent être tirés à terre s'ils sont dehors, ou ne pas sortir s'ils sont au port. Les hommes exécutent alors des services par terre, s'il est nécessaire.

Les services des canots attachés aux postes sont *reballus* par les chefs, autorisés à cet effet à profiter des croisières des deux vapeurs « *Le Douanier* » et « *La Marie* », dans les conditions indiquées par la lettre de l'Administration du 26 novembre 1889. (Instruction du Directeur en date du 11 août 1890.)

Nota. — Des brigades sont installées dans toutes les localités où il se trouve un bureau (voir les n°* 8 à 10 du présent chapitre), excepté à Tlemcen, à El Oued et à Constantine.

Il existe en outre des brigades sur les points ci-après :

Corailleurs; Aïn el Turk; Port-aux-Poules; Gouraya (le brigadier de ce poste est *buraliste*, c'est-à-dire qu'il délivre des passavants série M n° 53, pour la circulation par mer des denrées du cru, et, le cas échéant, des congés de navigation aux pêcheurs de la localité); Tipaza (buraliste); Castiglione (buralist); Sidi Ferruch; Guyotville; Pointe Pescade; Fort de l'Eau; Cap Matifou; Azeffoun (buraliste); Herbillon (buraliste); Caroubier.

Allocations spéciales au service de l'Algérie.

31. A dater du 1ᵉʳ janvier 1891, il ne sera pas alloué de supplément de traitement, qualifié quart colonial ou indemnité coloniale, aux agents et préposés des divers services civils qui seront nommés en Algérie.

32. Les agents et préposés qui seront en fonctions en Algérie à cette date continueront à jouir du supplément de traitement attaché actuellement à leurs fonctions, tant qu'ils feront partie des adminis-

trations algériennes, sans toutefois que le taux en puisse être élevé en cas de promotion ou d'augmentation de traitement.

33. Il pourra, dans la limite des crédits ouverts, être accordé des indemnités spéciales de résidence aux agents et préposés en fonctions dans le territoire militaire et dans certaines localités exceptionnelles du territoire civil à déterminer par arrêtés ministériels. Le tableau de ces localités devra figurer en annexe au projet de budget de chacun des ministères [1].

Sont abrogées toutes les dispositions de loi contraires à la présente disposition.

(Loi portant fixation du budget général des dépenses et des recettes de l'exercice 1891, art. 51; circulaire du 5 janvier 1891, n° 2070.)

34. Indemnité de tournées au Directeur. (Réduite de 2.000 à 1,500 francs, par décision de l'Administration du 27 mai 1885.)

35. L'indemnité annuelle de 1,200 francs, allouée en Algérie aux surnuméraires des services financiers (ordonnance du 15 avril 1845, art. 15), est réduite à 600 francs pour les surnuméraires des douanes. (Décision de l'Administration du 10 mars 1849.)

Cette indemnité de 600 francs a été maintenue par une autre décision datée du 7 février 1891.

36. Indemnité de 2 francs par jour aux cavaliers et aux agents de la brigade ambulante d'Alger; indemnité de 0 fr. 75 c. par jour aux patrons, sous-patrons et matelots.

Ces indemnités sont allouées pour tout service effectué à plus d'un myriamètre de la résidence, et ayant une durée minima de quarante-huit heures.

L'indemnité n'est due pour la journée de départ que si le service exécuté cette journée a été d'au moins six heures, sans interruption;

Elle n'est attribuée pour la journée de rentrée que si le retour au poste a lieu après midi.

---

[1]. Le chiffre de ces indemnités n'est pas encore fixé.

L'indemnité revenant aux cavaliers auxiliaires indigènes est établie d'après les bases admises pour les cavaliers de l'effectif français.

Les indemnités sont payables par mois; la liquidation en est demandée par les états mensuels série E n° 99, et au moyen de bordereaux n° 100 *bis*, appuyés de relevés nominatifs dûment émargés par les ayants-droit.

En vue de permettre à l'Administration d'exercer son contrôle, les relevés nominatifs doivent indiquer, pour chaque agent, les jours et heures de départ et de rentrée, le point extrême de chaque service et la distance du poste. (Arrêté du Ministre de la Guerre du 12 mars 1841; décisions de l'Administration des 25 avril 1856, 4 janvier 1868, 18 janvier 1873, 20 juillet et 1er octobre 1891.)

37. Indemnité de 500 francs aux cavaliers au titre français pour l'entretien de leurs chevaux.

38. Indemnités professionnelles aux mécaniciens, aides-mécaniciens et chauffeurs des deux péniches à vapeur :

Mécaniciens.	1.200 francs.
Aides-mécaniciens	600 —
Matelots chauffeurs	180 —

(Décision de l'Administration des 8 juillet 1878, 8 novembre 1881).

(Voir le n° 13 du présent chapitre, pour l'indemnité allouée aux Receveurs des contributions diverses remplissant les fonctions de Receveurs des Douanes.)

(Voir le n° 3 du chap. XXII, pour les frais de route alloués en cas de sauvetages.)

39. Franchise de la correspondance.

Franchise postale. — Le Directeur des Douanes est autorisé à correspondre en franchise, sous bandes, ou, en cas de nécessité, en plis fermés :

DANS TOUTE L'ALGÉRIE :

Avec le Général commandant le 19e corps d'armée; le Chef du Génie (Décision ministérielle du 20 décembre 1878); les Commandants de divisions et de subdivisions militaires; les Intendants militaires; les Rapporteurs près les Conseils de guerre (Décision ministérielle du 12 septembre 1855); les Payeurs de l'armée d'Afrique (Décision ministérielle transmise le 30 mars 1852); les Directeurs de l'Enregistrement, des Domaines et du Timbre (Décision ministérielle du 30 avril 1878).

DANS LE DÉPARTEMENT :

Avec le Conservateur et les Inspecteurs des forêts. (Décision ministérielle du 30 avril 1878.)

Sont également autorisés à correspondre en franchise :

DANS TOUTE L'ALGÉRIE :

Les Inspecteurs divisionnaires des Douanes avec les Directeurs de l'Enregistrement, des Domaines et du Timbre. (Décision ministérielle du 30 avril 1878.)

DANS LE DÉPARTEMENT :

Les Inspecteurs divisionnaires, Sous-Inspecteurs et Receveurs des Douanes, avec les Inspecteurs, Sous-Inspecteurs et gardes généraux des forêts. (Même décision.)

40. *Franchise télégraphique.* — Le Directeur chef du service des Douanes en Algérie jouit de la franchise administrative télégraphique avec les agents sous ses ordres (Arrêté du Gouverneur général du 16 août 1868), ainsi que de la franchise directe, en cas d'urgence, avec les Directeurs des Douanes tunisiennes (Arrêté ministériel du 28 décembre 1887).

Receveur des Douanes à Ghardimaou (Tunisie) : franchise limitée à la correspondance avec l'Inspecteur et le Receveur principal des Douanes à Bône. (Décision ministérielle du 13 septembre 1887; circulaire du 20 décembre, n° 1892.)

Passages maritimes.

Ont droit à la gratuité, quand ils justifient de leurs titres, à un passage aux frais du Gouvernement :

41. Les fonctionnaires ressortissant au département des Finances, ainsi que leurs familles, qui se rendent en Algérie pour y exercer un emploi, ou qui en reviennent par suite de leur rappel en France, et *vice versâ*, en vertu de congés réguliers, et ceux qui, par mutation ou d'après une permission d'absence, ou enfin pour toute cause de service, auront à se rendre d'un point à un autre du littoral de l'Algérie. (Arrêté ministériel du 17 décembre 1849, art. 1ᵉʳ.)

42. Les femmes et enfants des employés de tous grades n'ont droit à la gratuité du passage : 1° entre la Métropole et la colonie, que pour l'aller et le retour, seulement lorsque les voyages sont occasionnés par l'envoi du chef de famille en Algérie ou par son rappel en France; ou bien encore lorsque ces voyages sont rendus indispensables par le décès de l'employé, ou son admission à la retraite; 2° pour les traversées sur le littoral, que dans le cas où elles ont lieu par suite de mutation. Une lettre de service spéciale doit établir sous ce rapport la position exacte des familles. (Arrêté ministériel du 17 décembre 1849, art. 5, et lettre de l'Administration du 3 février 1851.)

43. Toutefois, la faveur du passage gratuit accordée aux employés qui font la traversée d'Algérie en France, et *vice versâ*, en vertu de congés réguliers, est étendue, en cas de maladie dûment contatée par un médecin assermenté : 1° à la femme et aux enfants de l'employé; 2° à ses ascendants et autres parents vivant avec lui et à sa charge. (Arrêté ministériel du 20 janvier 1862; lettre de l'Administration du 29.)

44. Les domestiques des fonctionnaires et agents des douanes ont droit au passage gratuit en troisième classe s'ils accompagnent les personnes auxquelles ils sont attachés, et qui sont elles-mêmes transportées aux frais du département des Finances. (Lettre de l'Administration du 19 juillet 1892.)

45. Le service des passages est assuré par les Commissaires du Gouvernement (*Directeurs des postes et télégraphes*) à Marseille, à Alger, et à Oran, et par les délégués de ces Commissaires (*Receveurs des postes et télégraphes*), à Port-Vendres et à Philippeville,

(Adjudication prononcée le 11 octobre 1879, en faveur de la Compagnie générale transatlantique; art. 57 du cahier des charges.)

46. Les fonctionnaires, agents et employés de *tous les services administratifs* de l'Algérie, leurs femmes, enfants et ascendants, seront transportés aux prix fixés par le marché lorsque ces personnes, n'étant pas admises comme passagers du *département ministériel auquel elles ressortissent*, auront à payer directement à l'entreprise le prix de leur passage. (Art. 71 du cahier des charges.)

47. Les fonctionnaires ou agents qui réclameront pour eux et leurs familles, soit le passage gratuit au compte de l'Etat, soit le transport à prix réduit... justifieront de leur droit à la délivrance d'un permis d'embarquement par la présentation de l'avis de nomination, du congé ou de la lettre de service établissant la nécessité du transport. A vue de cette pièce, et après qu'elle aura été reconnue valable, le permis d'embarquement sera délivré par le *Commissaire du Gouvernement*. (Arrêté ministériel du 17 décembre 1849, art. 3.)

48. Les fonctionnaires et employés civils auxquels les règlements allouent des chevaux auront la faculté d'embarquer les chevaux dont ils sont pourvus, dans les limites réglementaires, aux conditions et prix du marché.

49. Les fonctionnaires chargés des embarquements leur délivreront des réquisitions qu'ils devront présenter aux agents de l'entreprise, au moment du paiement du prix du passage. Les chevaux ou mulets embarqués sur réquisitions viendront en déduction du nombre maximum d'animaux que l'entreprise doit embarquer par voyage. (Art. 76 du cahier des charges.)

50. Les enfants âgés de moins de trois ans voyageant avec leurs parents seront transportés gratuitement; ceux de trois à cinq ans paieront la moitié des prix fixés pour la nourriture; ceux de cinq à à quinze ans ne paieront que la moitié du prix du marché (transport et nourriture). (Art. 74 du cahier des charges.)

51. Les fonctionnaires et employés des Douanes sont rangés, pour le passage, dans les classes ci-après :

1re classe (table du Commandant) : les Directeurs, les Inspecteurs, les Sous-Inspecteurs, les premiers commis de direction et les receveurs principaux.

2e classe (table des Officiers) : les Capitaines, les Lieutenants, les receveurs particuliers, les contrôleurs, les vérificateurs, les commis de bureaux, les commis de direction, les garde-magasins d'entrepôt, les surnuméraires.

3e classe (table des maîtres) : les brigadiers, les sous-brigadiers et sous-patrons.

4e classe (rationnaires) : les préposés, les peseurs (préposés visiteurs).

(Arrêté du Ministre des Finances du 17 décembre 1849, art. 1er.)

Les domestiques des agents financiers sont assimilés aux facteurs et gardiens (*du service de la Trésorerie*) compris dans la troisième des classes déterminées par l'arrêté de 1849. (Décision ministérielle du 12 avril 1859.)

Les sous-brigadiers auxiliaires de cavalerie sont autorisés à profiter de la troisième classe au même titre que les autres sous-officiers. (Décision de l'Administration du 2 février 1891.)

52. Les passagers de deuxième, de troisième ou quatrième classe, au compte de l'Etat, pourront changer de classe à prix d'argent, lorsque les règles de la hiérarchie du corps auquel ils appartiennent ne s'y opposeront pas, et en payant directement aux agents de l'entreprise la différence entre le prix des places. (Art. 32 du cahier des charges.)

53. En cas de quarantaine établie aux ports d'arrivée, l'entreprise gardera à bord et nourrira les passagers de l'Etat, si le service de santé n'exige pas qu'ils soient débarqués au lazaret.

Les frais de leur nourriture lui seront remboursés aux prix fixés par le marché.

54. En cas de relâche forcée, les frais de nourriture des passagers de l'Etat et de ceux embarqués sur des réquisitions administratives lui seront remboursés au même taux, par l'Etat, pour les passagers embarqués à ses frais, et par les passagers eux-mêmes,

lorsque ceux-ci auront été embarqués dans les conditions déterminées par l'article 71. (Art. 40 du cahier des charges.)

55. Les divers départements ministériels peuvent bénéficier des avantages stipulés, tant pour les transports des passagers que pour ceux du matériel; mais cette faculté implique pour ces départements l'interdiction de recourir à d'autres paquebots qu'à ceux de la Compagnie adjudicataire. (Art. 80 du cahier des charges.)

56. *Mode et époque des payements.* — L'entrepreneur aura à fournir chaque mois, au Ministère *intéressé*, pour le service des transports exécutés pendant le mois précédent, des relevés accompagnés des pièces justificatives ci-après, savoir :

1° Pour le transport du personnel des diverses classes et des chevaux et mulets : les états d'embarquement;

2° Pour le transport du matériel : les connaissements;

3° Pour la nourriture des passagers en quarantaine ou en relâche forcée : un certificat de l'Autorité compétente constatant le fait et la durée de la quarantaine ou de la relâche; une copie de l'état d'embarquement.

Sur le vu de ces relevés, appuyés des pièces justificatives, il sera ordonnancé, dans les dix jours de leur remise, les cinq sixièmes du montant des dits relevés.

En cas de retard ou d'omission, il sera dressé des relevés supplémentaires. (Art. 77 du cahier des charges.)

57. L'adjudicataire produira une facture trimestrielle en triple expédition, dont une timbrée sur laquelle on portera le montant de tous les relevés produits au titre du trimestre auquel elle se rapporte.

58. Il sera procédé, dans le délai de trois mois au plus, à dater de la remise de la facture, à la liquidation des relevés, et le montant liquide, déduction faite de l'à-compte des cinq sixièmes, sera ordonnancé immédiatement. (Art. 78 du cahier des charges.)

59. — *Douanes* : La dépense est imputée sur les crédits du matériel de l'Algérie (chap. 87, art. 3); le paiement est effectué par le

Receveur principal des Douanes à Paris, pour le compte de son collègue, à Alger. A l'appui du mandat de paiement acquitté par l'ayant-droit, le Receveur principal à Alger produit :

1° L'ordre de payer valant liquidation;
2° Les ordres d'embarquement;
3° Le décompte détaillé;
4° Un mémoire.

(Arrêté ministériel du 17 décembre 1849, art. 4, et lettres trimestrielles de l'Administration.)

60. L'adjudicataire encourra la déchéance pour le paiement des dépenses dont les pièces n'auront pas été produites dans le délai de six mois après l'expiration du trimestre auquel elle se rapportent.

Seront également frappées de déchéance, les réclamations qui seraient présentées après ce délai. (Art. 79 du cahier des charges.)

61. En ce qui concerne les articles exclus de la liquidation pour irrégularités ou insuffisance do pièces justificatives, ils devront être reproduits, sous peine de déchéance, dans lo délai de trois mois, à partir de la notification de la liquidation. (Art. 79 du cahier des charges.)

Organisation militaire des brigades de Douanes de l'Algérie.

62. Conformément aux dispositions des articles 8 et 81 de la loi du 15 juillet 1889, et de l'article 8 de la loi du 24 juillet 1873, le personnel du service actif des Douanes stationné en Algérie entre dans la composition des forces militaires du pays.

63. A dater de l'ordre de mobilisation, aucune démission donnée par un fonctionnaire, un officier, un sous-officier ou préposé du dit service actif, n'est valable qu'après avoir été acceptée par le Ministre de la Guerre. (Décret du 15 mars 1890, art. 1ᵉʳ.)

64. Le personnel à pied du service actif des Douanes, y compris les matelots employés dans chacune des divisions d'Alger, d'Oran et de Constantine, forme une compagnie. Chaque compagnie est divi-

sée en sections dont le nombre est fixé par le Ministre de la Guerre, après entente avec le Ministre des Finances.

65. Le personnel des brigades à cheval de la même Administration, employé dans chacune des divisions d'Oran et de Constantine, forme un peloton de cavalerie. Chaque peloton de cavalerie est rattaché, pour l'administration, à la compagnie de Douanes de la province dont il fait partie. (Même décret, art. 2.)

66. La composition des compagnies et pelotons est arrêtée par le Ministre de la Guerre, après entente avec le Ministre des Finances.

67. Autant que possible, les préposés et matelots sont placés sous les ordres de leurs chefs du temps de paix. (Même décret, art. 3.)

68. Les cadres des compagnies et pelotons de Douanes sont pris dans le personnel de cette administration.

69. Le cadre d'une compagnie comprend un Capitaine commandant, un Lieutenant ou Sous-Lieutenant par section, un sergent-major, un sergent-fourrier, un sergent par section, deux caporaux par section, deux clairons ou tambours.

70. Les cadres de chaque peloton de cavalerie comprennent :

Un Lieutenant ou Sous-Lieutenant commandant, deux maréchaux-des-logis, quatre brigadiers, un trompette.

71. Les cadres de supplément sont mis à la suite des compagnies ou pelotons.
(Même décret, art. 4.)

72. L'assimilation suivante est observée pour les différents grades :

DOUANES.	ARMÉE.
Sous-brigadier ou sous-patron.	Caporal ou brigadier.
Brigadier ou patron.	Sous-officier.
Sous-Lieutenant.	Sous-Lieutenant.
Lieutenant.	Lieutenant.
Capitaine.	Capitaine.

Les préposés, matelots et cavaliers, ont rang de soldats de première classe.

73. Les dispositions des articles 43 et 57 de la loi du 13 mars 1875 sur les cadres de l'armée sont applicables aux Officiers du service des Douanes. (Même décret, art. 5.)

74. Dès que l'ordre de mobilisation totale ou partielle de l'armée est donné, les compagnies et pelotons de Douanes sont à la disposition du Général commandant le 19ᵉ corps d'armée, pour être employés à la surveillance du littoral et à la défense du pays.

75. Le Ministre de la Guerre fait connaître d'avance au Ministre des Finances, le nombre de gradés et de soldats de chaque compagnie qui doivent être appelés à l'activité dès la publication de l'ordre de mobilisation.

76. Après la publication de l'ordre de mobilisation, le Général commandant le 19ᵉ corps d'armée appelle à l'activité, en sus des nombres primitivement fixés, tous les gradés et soldats des Douanes dont il juge la présence nécessaire pour les besoins de la défense du territoire.

77. La mobilisation des compagnies et pelotons et leur mise en activité sont opérées par les soins du Directeur des Douanes en Algérie. (Même décret, art. 6.)

78. A dater du jour de leur appel à l'activité, les unités de Douanes font partie intégrante de l'armée et jouissent des mêmes droits, honneurs et récompenses, que les corps de troupes qui la composent.

79. Sous le rapport des pensions pour infirmités et blessures, et des pensions de veuves, les Officiers, sous-officiers, caporaux et soldats jouissent notamment de tous les droits attribués aux militaires du même grade de l'armée active.

80. Les lois et règlements qui régissent cette dernière leur sont applicables.

81. Toutes ces dispositions s'appliquent également aux agents de tous grades qui peuvent être appelés individuellement à l'activité.

82. Conformément à l'article 35 de la loi du 24 juillet 1873, les compagnies et pelotons de Douanes appelés à l'activité sont assimilés à l'armée active pour la solde et les prestations, allocations et indemnités de toute nature. (Même décret, art. 7.)

83. L'uniforme et les insignes des grades restent tels qu'ils existent actuellement. Le département de la Guerre pourvoit à l'armement des compagnies et pelotons de Douanes. Il leur fait délivrer également les divers objets de campement.

84. Le département des Finances continue à assurer l'habillement et le petit équipement des préposés, ainsi que l'entretien des armes en temps de paix. (Même décret, art. 8.)

85. Les compagnies et pelotons de Douanes sont soumis, pendant la période de paix, à des inspections générales dans la forme déterminée par le Ministre de la Guerre, de concert avec le Ministre des Finances.

86. L'époque de ces inspections est fixée par le Général commandant le 19e corps, de concert avec le Directeur des Douanes en Algérie.

87. Les réunions des troupes de Douanes appelées à être inspectées ont lieu par fractions assez réduites pour ne pas occasionner de déplacements onéreux et ne pas compromettre le service spécial des Douanes. (Même décret, art. 9.)

88. L'organisation des compagnies et pelotons, visée par le présent décret, sera préparée sans retard par les Administrations de la Guerre et des Douanes.

89. Cette organisation comprendra la constitution des compagnies et pelotons, le fractionnement des compagnies en sections, la délimitation de la zone de surveillance assignée à chaque section. (Même décret, art. 10.)

90. Les Officiers sont nommés par le Président de la République, sur la présentation du Ministre de la Guerre, d'après les propositions du Ministre des Finances.

91. Les lettres de service des Officiers rayés des cadres de l'Administration des Douanes sont renvoyées au Ministre de la Guerre en même temps que les nouveaux états de proposition. (Même décret, art. 11.)

92. Le Directeur des Douanes en Algérie adresse au Commandant du bureau de recrutement de chaque division les noms des hommes faisant partie des compagnies de Douanes et astreints au service dans l'armée active ou dans l'armée territoriale.

93. Il tient ces Officiers au courant de toutes les mutations concernant ces hommes, qui ne sont affectés à aucun corps de l'armée active ou de l'armée territoriale tant qu'ils restent dans le service actif des Douanes.

94. Les Commandants des bureaux de recrutement conservent les feuillets mobiles qui les concernent. (Même décret, art. 12.)

95. Le décret du 23 octobre 1876 est abrogé. (Même décret, art. 13.)

Les Ministres de la Guerre et des Finances sont chargés, chacun en ce qui le concerne, de l'exécution du présent décret, qui sera inséré au *Bulletin des Lois.*

CHAPITRE III.

RELATIONS AVEC LA MÉTROPOLE, LA CORSE ET LES COLONIES FRANÇAISES.

Expéditions de France en Algérie.

1. Les produits naturels ou fabriqués originaires de France (à l'exception des sucres) et les produits étrangers nationalisés dans la Métropole par le paiement des droits sont admis en franchise à leur importation directe[1] dans les ports de l'Algérie. (Ordonnance du 11 novembre 1835, art. 7; circulaire du 26, n° 1515; ordonnance du 16 décembre 1843, art. 7; circulaire du 22, n° 2001 ; loi du 17 juillet 1867, art. 2; circulaire du 23, n° 1067.)

2. En vertu de la loi du 17 juillet 1867 (tableau **A**), modifiée par la loi du 19 mars 1875 (art. 3), les sucres des colonies françaises et des fabriques de la Métropole sont tarifés comme il suit, à leur importation directe en Algérie :

Sucres bruts. .   .   .   20 fr. les 100 kil. net.
Sucres raffinés . . .   30   —

3. Ces droits sont établis décimes compris (Circulaire du 23 juillet 1867, n° 1067, p. 1, § 2.) ; ils sont passibles de la taxe additionnelle de 4 0/0 établie par l'article 2 de la loi du 30 décembre 1873. (Circulaire du 31 décembre 1873, n° 1228, p. 3, dernier paragraphe.)

4. Aux termes de la loi du 19 juillet 1880 (art. 17), les seuls sucres assimilés aux raffinés sont aujourd'hui les sucres bruts provenant des *pays étrangers*, et dont le rendement dépasse 98 0/0. Les

---

1. Pour les escales, voir la circulaire n° 598 du 25 juin 1859 et les n°ˢ 423 et 424 des observations préliminaires du Tarif.

sucres sortant des fabriques de la Métropole admis comme bruts par les Douanes de départ doivent être traités comme tels à leur importation en Algérie. (Lettre de l'Administration du 22 février 1890.)

5. Les marchandises exportées de France en Algérie seront exemptes de tout droit de sortie (Loi du 11 janvier 1851, art. 3; circulaire du 29, n° 2,421); celles dont l'exportation est prohibée ne peuvent être expédiées pour l'Algérie (Ordonnance du 16 décembre 1843, art. 2; circulaire du 22, n° 2002; loi du 9 juin 1845, art. 4; circulaire du 13, n° 2,069; circulaire du 29 janvier 1851, n° 2,421, p. 2, § 3).

6. Aux termes du § 5 de l'article 10 de la loi de Finances du 29 décembre 1884 (Circulaire du 30, n° 1,699), le régime de l'admission temporaire a cessé d'être applicable aux produits fabriqués expédiés en Algérie. Il y a exception pour les marchandises inscrites au tableau A annexé à la loi du 17 juillet 1867, modifiée par celle du 19 mars 1875.

Les sucres raffinés, les vergeoises, les sucres en grains ou petits cristaux exportés en Algérie, sont reçus à la décharge des admissions temporaires de sucres bruts. (Note de l'Administration du 9 janvier 1885; lettre du 26 du même mois, et observations préliminaires du Tarif n° 185, renvoi 2.)

7. Les chocolats exportés de France à destination de l'Algérie sont reçus à la décharge des comptes d'admissions temporaires de sucre, à raison de 18 kilogrammes de sucre raffiné pour 100 kilogrammes de chocolat fabriqué dans les conditions déterminées par l'article 3 du décret du 17 août 1880. (Décret du 12 juillet 1887, art. 2; circulaire du 20, n° 1855.)

8. Les primes d'exportation s'appliquent aux objets expédiés en Algérie (Circulaire du 29 janvier 1851, n° 2,421, p. 7); mais les tissus de coton expédiés de la Métropole en Algérie ne profitent pas du remboursement forfaitaire prévu par l'article 10 de la loi du 11 janvier 1892. (Lettre de l'Administration du 9 mai 1892.)

9. Ne jouissent que des restitutions afférentes à la deuxième classe, les exportations de viandes et de beurres salés effectuées de

la Métropole à destination des possessions françaises du nord de
l'Afrique. (Ordonnance du 28 juillet 1840, art. 2; circulaire du
17 août, n° 1829; décret du 23 janvier 1877; circulaire du 24, n° 1322.)

10. Les morues de pêche française, expédiées directement des
lieux de pêche ou des ports de France en Algérie, jouissent d'une
prime de 12 francs par quintal métrique. (Lois des 22 juillet 1851,
art. 1er; 28 juillet 1860, art. 1er; 3 août 1870, et 15 décembre 1880,
art. unique.)

11. La prime n'est acquise qu'aux morues parvenues, *introduites
et reconnues* propres à la consommation alimentaire. (Loi du 22 juillet 1851, art. 4.)

12. Les constatations requises à ce sujet sont déterminées par les
articles 12, 13 et 14 du décret du 29 décembre 1851 (Circulaire du
14 janvier 1852, n° 2), et par les articles 1 à 3 du décret du 14 janvier 1865 (Circulaire du 17 février n° 987). Il est recommandé au
service des Douanes de l'Algérie de se conformer aux dispositions
de ces articles pour les introductions effectuées dans la Colonie (Observations préliminaires du Tarif n° 491).

13. Les dispositions ci-après devront être prises lorsqu'une expédition de morues sera faite à destination de l'Algérie, sous la double
réserve de la prime et du bénéfice du retour.

14. *Au port de départ :* 1° On délivrera, dans la forme ordinaire, les certificats de bonne qualité et de chargement dont la production est prescrite par les règlements sur les primes. Seulement,
on aura soin d'indiquer, sur le certificat de chargement, s'il y a lieu,
que les morues ont été embarquées en vrac, et l'on fera mention, en
marge de cette pièce, de la réserve faite par l'intéressé, quant à la
réadmission de la partie de la cargaison dont la vente n'aura pu
avoir lieu.

15. 2° En même temps, on remettra à l'expéditeur un passavant
énonçant les quantités de morues embarquées, le numéro et la date
du certificat de chargement, et stipulant, en outre, que, à défaut de
vente au lieu de destination désigné, on pourra réadmettre en franchise, dans tout port de France ouvert à l'entrée des marchandises

payant plus de 20 francs par 100 kilog., la partie de la cargaison dont le non-débarquement aura été constaté au dos du passavant par les agents des Douanes en Algérie. Ce passavant indiquera, de plus, si les poissons embarqués auront ou non droit, en cas de retour, au bénéfice de l'entrepôt fictif accordé par l'article 7 de l'ordonnance du 25 février 1842 aux morues françaises séchées outre-mer.

16. *Au port de retour :* La Douane, au vu du passavant qui lui sera représenté, et qu'elle conservera pour sa justification, permettra la réintroduction, en exemption de tous droits, des morues rapportées, jusqu'à concurrence des quantités mentionnées au certificat de non-débarquement, dont elle aura préalablement contrôlé l'exactitude, en le confrontant avec celui du déchargement obtenu, par le Capitaine, pour la partie laissée au lieu d'exportation, et à laquelle la prime sera acquise.

17. Il est entendu, d'ailleurs, que le service s'assurera, par tous les moyens possibles, de l'identité des produits rapportés, et que si des doutes s'élevaient sur leur nationalité, on suspendrait leur réadmission, en transmettant à l'Administration des échantillons pour être soumis à l'examen des experts du Gouvernement. On se conformerait, à cet égard, à ce qui est prescrit par le Tarif. (Circulaire lithographiée du 23 juin 1843.)

18. La réadmission des morues expédiées sur l'Algérie sous bénéfice de prime est subordonnée à la réserve de retour exprimée avant le départ, et surtout au non-débarquement à destination dûment constaté de la partie de morues réexpédiées sur la Métropole. Cette mesure ne saurait être étendue à des morues dont le débarquement et la mise à la libre disposition des destinataires ont été opérés. (Lettre de l'Administration du 15 décembre 1885 au Directeur à Marseille.)

19. Les expéditions de France en Algérie, ainsi que les transports entre les bureaux du littoral algérien, ont lieu sous les formalités du cabotage, quand il s'agit de produits français ou algériens (Voir les n⁰⁸ 415 à 424 des observations préliminaires du Tarif, et les n⁰⁸ 1 à 4 du chapitre XI ci-après), ou des mutations d'entrepôt, quand il s'agit de marchandises étrangères (Circulaires n⁰⁸ 2421 et 2456 des

29 janvier et 8 septembre 1851). (Voir le n° 14 du chapitre XIII pour les transbordements de produits passibles de l'octroi de mer.)

20. En ce qui concerne les expéditions à destination de l'Algérie, pour le compte des départements de la Guerre et de la Marine, on suit les règles fixées par la décision ministérielle du 7 juillet 1843, transmise par la circulaire du 18, n° 1979. (Circulaire lithographiée du 8 mai 1847.)

Expéditions d'Algérie en France.

21. Les produits naturels ou fabriqués originaires de l'Algérie sont, à leur importation directe[1] dans les ports de la Métropole, admis en franchise de droits de Douane. (Loi du 17 juillet 1867, art. 1er; circulaire du 23, n° 1067; loi du 7 mai 1881, tableau E; circulaire du 8, n° 1492, p. 50; loi du 11 janvier 1892, tableau E; circulaire du 22, n° 2123.)

22. Par dérogation à cette règle, les droits du Tarif sont perçu sur le sucre, le café et les autres denrées coloniales. (Loi du 7 m 1881, art. 3, tableau E; circulaire 1492, p. 50, dernier paragraphe
Pour les tabacs, voir le chapitre XV.

23. La franchise est également appliquée aux produits étrange transportés en droiture d'Algérie en France, qui ont été nationalis à leur entrée en Algérie par le paiement intégral des droits du Tar métropolitain. (Loi du 17 juillet 1867, art. 1er; circulaire du 2 n° 1067; loi du 7 mai 1881, tableau E; circulaire du 8, n° 149 p. 50; loi du 11 janvier 1892, tableau E; circulaire du 22, n° 212

24. Les marchandises exportées d'Algérie en France seron exemptes de tout droit de sortie. (Loi du 11 janvier 1851, art. 3 circulaire du 29, n° 2421.)

25. La disposition mentionnée au n° 22 ci-dessus peut être con-

---

1. Pour les escales, voir la circulaire n° 598 du 25 juin 1850, et les n°s 423 et 424 des observations préliminaires du Tarif.

sidérée comme abrogée par la loi de Finances du 29 décembre 1884 (art. 10), en ce qui touche les préparations au sucre expédiées d'Algérie en France. Les Douanes métropolitaines admettront en conséquence, en exemption de droits, les bonbons, confitures, fruits confits au sucre et biscuits sucrés arrivant de l'Algérie avec des passavants de cabotage mentionnant qu'il s'agit, soit de produits de fabrication algérienne, soit de produits étrangers ayant acquitté les taxes à leur entrée en Algérie. Ce régime n'est nécessairement pas applicable aux bonbons, confitures, fruits confits, etc., d'origine tunisienne ou marocaine, qui auraient été importés en franchise en Algérie par la frontière de terre, à la faveur de la loi du 17 juillet 1867. (Décision ministérielle du 8 juillet 1885, transmise par la lettre commune du 18, n° 799.)

26. Sauf les tabacs, qui restent prohibés, en vertu de la loi constitutive du monopole de l'État, les produits d'origine étrangère importés de l'Algérie après y avoir acquitté des taxes spéciales (Voir le n° 27 du chapitre IV) sont admis en France moyennant le paiement de la différence entre les droits du Tarif algérien et ceux du Tarif métropolitain[1]. (Loi du 17 juillet 1867, art. 1er, § 2; circulaire du 23, n° 1067, et loi du 7 mai 1881, tableau **E**; circulaire du 8, n° 1492, p. 74; loi du 11 janvier 1892, tableau **E**; circulaire du 22, n° 2123.)

27. Les droits perçus en Algérie sur le sucre employé à la fabrication de 100 kilogrammes de chocolat sont inférieurs de 10 fr. 90 c. aux droits appliqués en France au sucre employé pour la même fabrication. Cette somme représente une quantité de 18 kilogrammes de sucre exprimé en raffiné. En conséquence, il sera perçu, à l'entrée en France du chocolat fabriqué en Algérie, un droit de 10 fr. 90 c. par 100 kilogrammes, à titre de supplément de droit, sur le sucre

---

1. Rien ne s'oppose à ce que les intéressés soient admis à acquitter cette différence à la Douane algérienne de départ.

Il en est de même pour le droit plein afférent aux produits se trouvant dans les conditions indiquées aux n°s 28, 36 et 37 du présent chapitre.

Après acquittement intégral du droit métropolitain, l'opération rentre dans le premier des deux cas prévus au n° 33.

employé à cette fabrication. (Décret du 12 juillet 1887, art. 1er; circulaire du 20, n° 1855.)

28. Les produits d'origine étrangère ayant joui de la franchise absolue en Algérie acquittent en France l'intégralité des droits du Tarif métropolitain[1]. (Loi du 17 juillet 1867, art. 1er; circulaire du 23, n° 1067, p. 2, § 6; loi du 7 mai 1881, tableau E; circulaire du 8, n° 1492; loi du 11 janvier 1892, tableau E; circulaire du 22, n° 2123.)

29. Les surtaxes d'entrepôt ou d'origine ne sont pas applicables, à l'arrivée en France, aux produits étrangers qui ont été soumis en Algérie au Tarif colonial ou qui y ont été admis en franchise. (Circulaire du 23 juillet 1867, n° 1067, p. 3, § 1er, et observations préliminaires du Tarif n° 271.)

30. Les produits d'origine étrangère *qui ont été transbordés dans un port de la Colonie ou extraits des entrepôts algériens* sont passibles, en France, des droits du Tarif métropolitain; ces droits sont calculés d'après la provenance primitive. (Loi du 17 juillet 1867, art. 1er; circulaire du 23, n° 1067, p. 3, § 3; loi du 7 mai 1881, tableau E, p. 74; circulaire du 8, n° 1492; loi du 11 janvier 1892, tableau E; circulaire du 22, n° 2123.)

31. Les prohibitions ou restrictions établies par le Tarif général dans un intérêt d'ordre public, ou comme conséquence du monopole, sont applicables aux importations de l'Algérie, soit qu'il s'agisse de produits coloniaux, soit qu'il s'agisse de produits étrangers. (Loi du 7 mai 1881, tableau E; circulaire du 8, n° 1492; loi du 11 janvier 1892, tableau E; circulaire du 22, n° 2123.)

32. Les produits français ou algériens et les produits étrangers qui ont été soumis dans la Colonie aux droits du Tarif métropolitain ou du Tarif algérien sont expédiés d'Algérie en France sous le régime du cabotage (Voir les n°s 415 à 421 des observations préliminaires du Tarif et les n°s 1 à 4 du chapitre XI). Les expéditions ont lieu, en général, par simple passavant; il n'est délivré d'acquit-à-

---

1. Voir le renvoi 1 du n° 26.

caution que dans le seul cas où l'acquit-à-caution est obligatoire pour le cabotage entre les ports de la Métropole[1]. (Circulaires n° 2421 du 29 janvier 1851, p. 6; n° 1067 du 23 juillet 1867, p. 3; observations préliminaires du Tarif, n° 274).

33. Pour les produits étrangers qui ont été soumis en Algérie au paiement des droits du Tarif métropolitain ou du Tarif algérien, le service du port de départ, après s'être fait représenter les quittances, délivre un passavant sur lequel il rappelle le paiement des droits[2]. (Circulaire du 23 juillet 1867, n° 1067.)

34. Les expéditions de cabotage servent de titre d'origine pour les produits algériens importés en France. Il est recommandé aux Douanes algériennes de veiller à ce que ces expéditions ne comprennent que des objets provenant réellement du cru ou de l'industrie de la Colonie[3]. Toutes les fois que des doutes graves s'élèveront, ces Douanes devront exiger que des certificats d'origine soient produits. (Loi du 11 janvier 1851, art. 1er; circulaire du 29, n° 2421, p. 7; circulaire du 28 février 1860, n° 627, p. 3.)

---

1. Les armes et munitions de guerre sont expédiées sous acquit-à-caution. (Circulaire n° 1067, p. 3).

2. L'article 22 de la loi de 17 mai 1826 porte que les expéditions de Douanes présentées comme justifications d'origine seront valables pendant une année entière à partir de leur date.

Cet article, quoique spécial à la Corse, a été considéré comme stipulant d'une manière générale, sauf à ne pas tenir rigueur pour la date des expéditions, lorsqu'il ne s'élève d'ailleurs aucun soupçon de fraude. — Décisions administratives des 21 octobre 1835 et 15 septembre 1836. (Bourgat, t. I, p. 227, renvoi 1, 8e alinéa.)

Les titres produits doivent être retenus par les Receveurs quand le passavant demandé comprend la totalité des marchandises qu'ils énoncent. Dans le cas contraire, ils sont rendus après qu'on y a mentionné les quantités de marchandises pour lesquelles de nouvelles expéditions ont été délivrées. — Décision administrative du 3 septembre 1834. (Bourgat, t. I, p. 228, renvoi.)

3. Les passavants doivent être visés et délivrés, non à l'embarquement *sur allèges ou chalands,* mais seulement quand la marchandise a été chargée *à bord du navire transporteur.* (Lettre de l'Administration du 4 août 1888.)

35. De leur côté, les Douanes de France ont à s'assurer que les marchandises sont conformes de tous points à celles énoncées dans les expéditions. Si des différences offrant quelque importance étaient reconnues, elles devraient être constatées dans la forme prescrite, suivant chaque cas, par les lois et règlements généraux sur le cabotage. (Circulaire du 28 février 1860, n° 627.)

36. Il n'est pas délivré de passavant pour les produits qui ne sont pas notoirement algériens, non plus que pour les produits étrangers dont l'acquittement n'a pas été justifié, ou qui ont été admis en franchise en Algérie à l'importation par terre, par application de l'article 6 de la loi du 17 juillet 1867. Dans ces trois cas, le service se borne à veiller à ce que les produits soient inscrits au manifeste de sortie (3° section); à l'arrivée en France, ils sont traités comme produits étrangers[1]. (Circulaire du 23 juillet 1867, n° 1067, p. 3; lettre commune du 18 juillet 1885, n° 799, et observations préliminaires du Tarif n° 274.)

37. Lorsque des voyageurs arrivent d'Algérie avec des tapis achetés dans la Colonie, la Douane doit, en principe, subordonner la franchise à la production d'un passavant du bureau de départ. Le service d'Algérie ne délivre, en effet, cette expédition que s'il reconnaît qu'il s'agit de tapis algériens, ou qui, originaires du Maroc ou de la Tunisie, ont payé à l'entrée en Algérie le droit du Tarif métropolitain.

Quand aucune expédition n'est produite les droits sont exigibles[2]. Il ne pourrait y avoir d'exception que si le service était en mesure de reconnaître l'origine algérienne. (Lettre de l'Administration du 20 septembre 1889 au Directeur à Marseille.)

38. Les marchandises étrangères *transbordées dans les ports de la Colonie ou extraites de ses entrepôts* sont expédiées en France sous le régime des mutations d'entrepôt. (Circulaires du 29 janvier 1851, n° 2421, et du 23 juillet 1867, n° 1067.)

39. Le bénéfice du retour en franchise dont jouissent les mar-

---

1 et 2. Voir le renvoi 1 du n° 26.

chandises nationales rapportées des Colonies françaises (Loi du 29 mars 1791) est applicable aux produits français rapportés d'Algérie en France. (Circulaire du 16 mai 1859, n° 589, p. 7.)

Voir observations préliminaires du Tarif n°° 300 à 321.

40. Les marchandises pour lesquelles des justifications d'origine française ont été fournies aux Douanes algériennes sont réexpédiées sur la Métropole avec des passavants de cabotage.

41. Quant aux marchandises pour lesquelles les justifications d'origine française n'ont pas été fournies aux Douanes algériennes, elles suivent la règle indiquée au n° 36 ci-dessus et sont réexpédiées en France en troisième section. Les Douanes métropolitaines ne les remettent en franchise que si on justifie régulièrement de leur origine nationale[1]. (Lettres de l'Administration des 24 août 1887 et 30 mars 1889.)

42. A moins d'avoir des motifs fondés de croire que les objets mobiliers et les effets à usage que les habitants de l'Algérie se proposent de rapporter en France sont d'origine étrangère, la Douane

---

[1] Quatre cas se présentent le plus communément à la réexpédition sur France, savoir :

1° Produits français *passibles de l'octroi de mer* restés en douane pour défaut de livraison et renvoyés dans la Métropole ;

2° Produits français *non passibles de l'octroi de mer* renvoyés également dans la Métropole pour défaut de livraison ;

3° Produits français livrés aux destinataires et renvoyés ultérieurement dans le Métropole, après production à la Douane algérienne des justifications exigées en matière de retour ;

4° Produits se trouvant dans le troisième cas ci-dessus, mais pour lesquels les justifications réglementaires ne sont pas produites à la Douane algérienne.

Dans le premier cas, il y a lieu à la délivrance d'un *permis de transbordement* relatant le passavant qui a accompagné la marchandise de France en Algérie. (Voir le n° 11 du chapitre XIII.)

Dans les deuxième et troisième cas, délivrance d'un passavant de cabotage rappelant le passavant primitif.

Dans le quatrième cas, inscription pure et simple au manifeste (3° section). (Note autographiée du 2 novembre 1888-30 mars 1889.)

coloniale ne doit faire aucune difficulté d'en permettre l'expédition sur la Métropole avec un passavant de cabotage. Le service indique sur les passavants le nom du propriétaire actuel ou décédé des objets qu'ils concernent. (Décision du 12 juillet 1852.)

43. Les marchandises étrangères qui n'ont supporté dans la Colonie que des droits réduits, ainsi que celles qui y ont été admises en franchise, ou qui en ont été expédiées par transbordement[1], ou par réexportations d'entrepôt, restent soumises, à l'importation dans la Métropole, aux restrictions d'entrée applicables aux produits similaires arrivant de l'étranger. (Circulaire du 23 juillet 1867, n° 1067, p. 3.)

44. Les dispositions qui règlent les relations de l'Algérie avec la Métropole sont applicables aux relations entre l'Algérie et la Corse. (*Pandectes françaises*, n° 2096.)

(Pour les tabacs d'origine algérienne importés en Corse, voir les n⁰ˢ 6 et 7 du chapitre XV.)

45. L'article 5 de la loi du 11 janvier 1892 relatif aux relations des Colonies entre elles n'est pas applicable à l'Algérie. (Voir circulaire du 7 janvier 1893, n° 2242, p. 9.)

46. Les produits naturels ou fabriqués autres que ceux mentionnés au tableau E annexé à loi du 11 janvier 1892, originaires des Colonies, sont admis en exemption en Algérie dans les mêmes conditions que lorsqu'ils sont importés en France. (Lois des 29 décembre 1884, art. 10; circulaire du 30, n° 1699; — 30 mars 1888, art. 10; circulaire du 31, n° 1916; — 11 janvier 1892, art. 7; circulaire du 22, n° 2123). (*Pandectes françaises*, n° 2097.)

(Voir le n° 4 du chapitre IV pour les droits applicables en Algérie aux denrées coloniales de consommation.)

---

1. Voir chapitre IV, n° 24, renvoi 1, pour les produits tunisiens ayant fait escale dans les ports de l'Algérie.

CHAPITRE IV.

RELATIONS AVEC L'ÉTRANGER.

Traités.

1. Les traités de commerce et de navigation ne sont applicables en Algérie qu'autant qu'ils contiennent une disposition formelle dans ce sens. (Annexe à la circulaire du 30 décembre 1884, n° 1699.)

NOTA. — Le régime conventionnel est actuellement le même en Algérie que dans la Métropole[1].

Importation.

2. Les produits étrangers importés en Algérie sont soumis aux mêmes droits que s'ils étaient importés en France. (Loi du 29 décembre 1884, art. 10; circulaire du 30, n° 1699; loi du 11 janvier 1892, art. 7; circulaire du 22, n° 2123.)

---

1. Les pays qui jouissent actuellement du *tarif minimum* sont les suivants : Suède et Norwége; Allemagne; Autriche-Hongrie; Belgique; Danemark; Empire ottoman; Grande-Bretagne; Grèce; Mexique; Pays-Bas; Perse; République dominicaine; République sud-africaine; Russie; Serbie (jusqu'au 26 juillet 1893; lettre de l'Administration du 14 septembre 1892); (circulaire du 1er février 1892, n° 2129);

Espagne (circulaire du 31 mai 1892, n° 2163, et du 7 janvier 1893, n° 2241);

Bulgarie (jusqu'au 12 janvier 1894; lettre de l'Administration du 24 décembre 1892);

Etats-Unis (pour un certain nombre d'articles); (circulaire du 30 janvier 1893, n° 2247);

Roumanie (circulaire du 1er février 1893, n° 2248);

Madagascar (circulaire du 6 février 1893, n° 2253);

Monténégro (circulaire du 6 février 1893, n° 2254);

Maroc (circulaire du 9 février 1893, n° 2255);

Tunisie (loi du 19 juillet 1890, art. 3; circulaire du 21, n° 2033).

3. Cette taxation s'applique aux produits étrangers venant de France par suite d'entrepôt ou de transit. (Annexe à la circulaire 1699.)

4. Sont exceptés de la disposition inscrite au n° 2 qui précède les produits mentionnés au tableau **A** annexé à la loi du 17 juillet 1867. (Loi du 29 décembre 1884, art. 10, § 2; loi du 11 janvier 1892, art. 7; circulaire n° 2123, p. 125.)

Ces produits sont tarifés comme suit, à leur importation en Algérie :

Sucres bruts de toute origine.	20 fr. les 100 kil. net.	
Sucres raffinés id.	30	—
Cafés	30	—

(Loi du 19 mars 1875; circulaire du 31, n° 1265.)

Poivre et piment en grains ou moulus		15 fr. les 100 kil.	
Girofle . . .	Clous	50	—
	Griffes	12	—
Cannelle de toute espèce et cassia lignea		15	—
Muscades . .	En coques . . .	50	—
	Sans coques . .	75	—
Macis		75	—
Vanille		100	—
Tabacs . . .	En feuilles ou en côtes. . . .	20	—
	Fabriqués . . .	40	—

(Loi du 17 juillet 1867, tableau **A**; circulaire du 23, n° 1067.)

5. Ces droits sont établis décimes compris (Circulaire 1067, p. 1, § 2; observations préliminaires du Tarif n° 121, § 2). Ils sont passibles de la taxe additionnelle de 4 0/0 (Loi du 30 décembre 1873, art. 2; circulaire du 31, n° 1228, p. 3, dernier paragraphe).

6. Les sucres *étrangers* importés en Algérie sont soumis aux surtaxes applicables aux sucres étrangers importés en France (Loi du 29 décembre 1884, art. 10, § 4; circulaire du 30, n° 1699; loi du 11 janvier 1892, art. 7),

Savoir :

Sucres bruts et sucres non assimilés aux sucres raffinés importés des pays d'Europe ou des entrepôts d'Europe, 7 fr. par 100 kil. (Loi du 29 juillet 1884, art. 10; circulaire du 30, n° 1677; surtaxe prorogée jusqu'au 31 août 1890, par la loi du 21 juillet 1888, art. 4; circulaire du 25, n° 1931; jusqu'au 22 février 1892, par la loi du 5 août 1890, art. 7; circulaire du 8, n° 2037, et maintenue par la loi du 11 janvier 1892, art. 2, § 2; tableau A, n° 91; circulaire du 22, n° 2123, p. 8.)

Sucres raffinés ou assimilés aux raffinés autres que candis, de toute provenance, en Tarif général, 12 fr. par 100 kil. (Loi du 19 juillet 1880, art. 16; circulaire du 21, n° 1444; loi du 7 mai 1881, art. 2, § 2; circulaire du 8, n° 1492, p. 50; loi du 11 janvier 1892, art. 2 § 2; tableau A, n° 91.)

En Tarif minimum, cette surtaxe est limitée à 8 fr. par 100 kil. (Loi du 11 janvier 1892, tableau A, n° 91.)

Le droit sur le sucre raffiné candi est supérieur de 18 francs en Tarif général et de 17 francs en Tarif minimum au droit sur les sucres raffinés autres que candis. (Loi du 11 janvier 1892; tableau A, n° 91.)

7. Les sucres raffinés provenant des fabriques de la Métropole sont admissibles en Algérie au droit du Tarif *minimum* à leur importation de Tunisie. (Décision de l'Administration du 17 juin 1891.)

8. Aux termes de la loi du 19 juillet 1880, article 17, les seuls sucres assimilés aux raffinés sont aujourd'hui les sucres bruts provenant des pays étrangers dont le rendement dépasse 98 0/0. (Lettre de l'Administration du 22 février 1890.)

9. Les produits des contrées hors d'Europe (autres que les sucres) compris dans le tableau A de la loi du 17 juillet 1867 sont passibles en Algérie d'une surtaxe de 3 francs par 100 kilogrammes, lorsqu'ils sont importés des entrepôts d'Europe (Loi du 30 janvier 1872, art. 3 et 4; circulaire du 4 février, n° 1153). Cette surtaxe est passible du droit additionnel de 4 0/0 (Loi du 30 décembre 1873, art. 2; circulaire du 31, n° 1228, p. 3, dernier paragraphe). La surtaxe d'entrepôt est ainsi fixée pour l'Algérie à 3 fr. 12 c. (4 0/0 compris). (Circulaire du 8 mai 1881, n° 1492, p. 51, renvoi 1.)

10. Les allumettes chimiques et les cartes à jouer sont prohibées à l'importation dans la Colonie. Toutefois, le monopole n'existant pas en Algérie, les allumettes de fabrication étrangère peuvent être admises dans la Colonie, sous le paiement des droits stipulés pour les importations faites en France par la Compagnie concessionnaire du monopole. (Circulaire du 23 janvier 1885, n° 1706.)

11. En ce qui concerne les cartes à jouer, une distinction est à faire, selon qu'il s'agit de cartes à portrait français ou à portrait étranger. Dans le premier cas, la prohibition est absolue; les modèles de ces cartes sont, en effet, la propriété exclusive de l'État, et, par suite, bien que l'impôt spécial de fabrication ne soit pas perçu en Algérie, des cartes à jouer au portrait français, originaires d'ailleurs que des fabriques de la Métropole, constitueraient des contrefaçons. (Voir n° 11 du chapitre XXII.) Dans le second cas, c'est-à-dire lorsqu'il s'agira de cartes à portrait étranger, on appliquera le droit de la bimbeloterie, par analogie avec ce qui a été réglé pour les cartes à jouer destinées à l'amusement des enfants. (Voir n° 616 du tableau A annexé à la loi du 11 janvier 1892.) Le service ne perdra pas de vue que les cartes admissibles à ce régime doivent être fabriquées avec du papier non filigrané et différer entièrement des cartes au portrait français, quant aux dimensions et aux figures; ces figures ne doivent, d'ailleurs, porter d'autre nom que celui du fabricant, et l'as de trèfle ne doit être entouré d'aucun ornement. (Même circulaire, n° 1706.)

12. La taxe de fabrication de la bière n'étant pas perçue en Algérie, les droits de 12 fr. et de 9 fr. inscrits dans le Tarif métropolitain se trouvent réduits respectivement à 9 fr. 50 c. (Tarif général) et à 6 fr. 50 c. (Tarif minimum) à l'importation dans la Colonie. (Tarif de l'Algérie, notes préliminaires et tableau des droits de 1892, p. 169 et 169 *bis.*)

13. De même, la surtaxe dont le Tarif métropolitain frappe les viandes salées, en représentation du droit de consommation du sel qu'elles renferment, n'est pas exigible à l'importation en Algérie, et, par suite, les viandes salées y acquittent le même droit que les viandes fraîches, à moins qu'il ne s'agisse d'espèces moins fortement taxées à l'état salé qu'à l'état frais. (Tarif de l'Algérie, notes préliminaires.)

14. Quoique le praiss ou sauce de tabac ne soit pas spécialement dénommé dans la loi qui a édicté le Tarif des droits exigibles en Algérie, il paraît certain que l'intention du Législateur n'a pas été d'en interdire l'entrée dans la Colonie. D'un autre côté, son assimilation aux tabacs fabriqués aurait pour résultat de frapper ce produit d'un droit prohibitif. Dans ces conditions, le praiss sera, comme le tabac en feuilles ou en côtes, assujetti seulement au droit de 20 fr. 80 c. par 100 kilogrammes net. (Décision ministérielle du 3 juin 1890, transmise le 30.)

15. L'importation par la voie de terre des écorces à tan de provenance tunisienne est prohibée. (Décret du 14 avril 1875, art. 1ᵉʳ.)

16. Sauf cette restriction, les produits naturels ou fabriqués originaires de la Régence de Tunis, de l'Empire du Maroc et du sud de l'Algérie, importés par les frontières de terre, sont admis en franchise dans la Colonie. (Loi du 17 juillet 1867, art. 6; circulaire du 23, n° 1067; loi du 29 décembre 1884, art. 10, § 3; circulaire du 30, n° 1699.)

17. Les produits naturels ou fabriqués de toute autre origine, importés par les frontières de terre, suivent le même régime qu'à l'importation par mer. (Mêmes lois.)

18. La disposition inscrite à l'article 6 de la loi du 17 juillet 1867 est de droit étroit et doit être interprétée dans un sens restrictif. Des vêtements confectionnés en Tunisie ou au Maroc avec des tissus anglais doivent être taxés comme s'ils étaient importés d'Angleterre. Il en serait de même pour les tissus fabriqués en Tunisie ou au Maroc avec des fils anglais. La seule tolérance qu'il y eût à admettre, ce serait pour le cas de tissus dont la matière première, c'est-à-dire le coton, aurait été filée et tissée en Tunisie ou au Maroc. Il n'y aurait pas à rechercher quelle est l'origine du coton, du moment où il aurait été filé dans ces deux pays. (Décisions administratives des 14 janvier et 21 mars 1887, rendues par application de la note préliminaire du Tarif n° 52.)

19. Les tissus fabriqués en Tunisie ou au Maroc avec des fils anglais sont admissibles en Algérie au droit du Tarif *minimum*, à l'importation par mer comme à l'importation par terre. (Décision de l'Administration du 22 novembre 1888.)

20. Les restrictions d'entrée ne sont pas applicables en Algérie aux importations par mer. (Observations préliminaires du Tarif n° 280.)

21. Sur la frontière de Tunisie, le bureau de Ghardimaou (gare internationale) est ouvert aux marchandises payant plus de 20 fr. par 100 kilogrammes. (*Ibid.*)

22. Les importations par mer, de Tunisie en Algérie, tombent sous l'application du régime de faveur résultant de l'article 5 de la loi du 19 juillet 1890[1]. Les quantités de marchandises ainsi introduites sont imputées sur les crédits ouverts à la Régence.

23. Les bulletins prescrits par la circulaire du 23 août 1890, n° 2042, doivent être adressés à l'Administration, par les Douanes maritimes d'importation, aussitôt après l'enlèvement des marchandises. Ces bulletins devront être fournis *pour chaque opération;* ils mentionneront les quantités d'après l'unité déterminée par les décrets. Indépendamment de ces bulletins, la Direction aura à adresser à l'Administration, avant le 5 de chaque mois, un relevé (modèle B) présentant, par espèces, le total des quantités admises au bénéfice de la loi du 19 juillet 1890 pendant le mois précédent.

24. Les marchandises tunisiennes arrivant par terre en Algérie, ne doivent pas être comprises dans les limitations spéciales prévues par l'article 5, § D, de la dite loi, puisque la franchise leur a été primitivement accordée par les lois, non abrogées, des 17 juillet 1867 et 29 décembre 1884.

(Lettre de l'Administration du 30 décembre 1890[2].)

---

1. Circulaire du 21 juillet, n° 2033.

2. Pour l'application de la loi du 19 juillet 1890, on ne saurait considérer comme ayant fait escale, au sens de l'article 5, les navires qui se seraient rendus en Algérie avant d'aborder en France. (Circulaire du 23 août 1890, n° 2042.)

Les Compagnies de transport peuvent charger dans les ports algériens

Exportation.

25. Les marchandises exportées de l'Algérie à destination de l'étranger sont soumises au même régime que si l'exportation avait lieu de France. (Loi du 17 juillet 1867, art. 7; circulaire du 23, n° 1067.)

26. Les exceptions à la franchise des droits de sortie inscrites, soit dans le Tarif général, soit dans les Tarifs conventionnels, ne seront pas applicables aux exportations effectuées de l'Algérie en France. (Loi du 17 juillet 1867, art. 3; circulaire du 23, n° 1067.)

---

des marchandises similaires de celles prises dans les ports tunisiens; mais l'admission des produits tunisiens au régime de faveur est alors subordonnée à la production de certificats des Douanes algériennes établissant qu'ils n'ont pas quitté le bord, et, en cas de débarquement, qu'ils sont restés sous la surveillance ininterrompue du service depuis le moment de la mise à terre jusqu'à celui du réembarquement. (Décision de l'Administration du 10 septembre 1890.)

Aux termes d'une décision ministérielle du 21 décembre 1892, les poissons pêchés en Tunisie par la colonie bretonne établie dans ce pays pourront, sans perdre à l'importation dans la Métropole le bénéfice de la pêche nationale, être transbordés à La Calle, à la condition qu'ils resteront sous la surveillance de la Douane jusqu'à leur réexportation. (Lettre de l'Administration du 30 décembre 1892.)

TARIF DE L'ALGÉRIE

27. TARIF DE L'ALGÉRIE (1892). — TARIF GÉNÉRAL.

Numéros correspondants du Tarif général de la Métropole.	DÉNOMINATION DES PRODUITS.	UNITÉS sur lesquelles portent les droits.	TITRES de perception.	DROITS (décimes et 4 0/0 compris)		
				PRODUITS d'origine européenne.	PRODUITS d'origine extra-européenne	
					importés directement d'un pays hors d'Europe.	importés des entrepôts d'Europe.
	IMPORTATIONS PAR MER.			FR. C.	FR. C.	FR. C.
17	Viandes salées { de porc (jambon et lard, etc.) (a).............	100 k. net	11 janv. 1892	12 »	12 »	15 60
	{ de bœuf et autres	100 k. net	id.	25 »	25 »	28 60
90	Sucres des colonies françaises et des fabriques de la Métropole { bruts.............	100 k. net	19 mars 1875, 29 déc. 1884, 11 janv. 1892	20 80	20 80	......
	{ raffinés ou assimilés.............	100 k. net	id.	31 20	......	......
91	Sucres étrangers { raffinés { bruts....................	100 k. net	id.	27 80	20 80	27 80
	{ autres que candis et assimilés	100 k. net	id.	43 20	43 20	43 20
	{ candis.............	100 k. net	id.	61 20	61 20	61 20
96	Café { en fèves....................	100 k. net	id.	......	31 20	34 32
	{ torréfié ou moulu...............	100 k. net	id.	34 32	......	34 32
99	Poivre en grains ou moulu..............	100 k. net	17 juillet 1867, 29 déc. 1884, 11 janv. 1892	......	15 60	18 72
100	Piment en grains ou moulu	100 k. net	id.	......	15 60	18 72
102	Cannelle	100 k. net	id.	......	15 60	18 72
103	Cassia lignea......................					
104	Muscades { en coques....................	100 k. net	id.	......	52 »	55 12
	{ sans coques...................					
105	Macis......................	100 k. net	id.	......	78 »	81 12
106	Girofle. { Clous....................	100 k. net	id.	......	52 »	55 12
	{ Griffes........	100 k. net	id.	......	12 48	15 60
107	Vanille......................	100 k. net	id.	......	104 »	107 12
109	Tabacs en feuilles ou en côtes...........	100 k. net	id.	20 80	20 80	23 92
	Cigares et autres tabacs fabriqués	100 k. net	id.	41 60	41 60	44 72

(a) Les bureaux des douanes de l'Algérie ne sont pas ouverts à l'importation des viandes de porc d'origine américaine.

TARIF DE L'ALGÉRIE (1892). — TARIF MINIMUM.

Numéros correspondants du Tarif minimum de la Métropole.	DÉNOMINATION DES PRODUITS.	UNITÉS sur lesquelles portent les droits.	TITRES de perception.	DROITS (décimes et 1 0,0 compris).
	IMPORTATIONS PAR MER.			
17	Viandes salées { de porc (jambon et lard, etc.) .... de bœuf et autres..		Voir, ci-contre, le Tarif général.	
91	Sucres étrangers { bruts .... raffinés { autres que candis et assimilés... candis..........	100 k. net 100 k. net	19 mars 1875 29 déc. 1884 11 janv. 1892 id.	39 f. 20 56 20
96	Café { en fèves.................... torréfié ou moulu			
99	Poivre en grains ou moulu.................			
100	Piment en grains ou moulu.................			
102	Cannelle			
103	Cassia lignea...............................			
104	Muscades { en coques .... sans coques.....................		Voir, ci-contre, le Tarif général.	
105	Macis.....................			
106	Girofle. { Clous.................... Griffes			
107	Vanille....................................			
109	Tabac en feuilles ou en côtes................. Cigares et autres tabacs fabriqués..........			

TARIF DE L'ALGÉRIE (1892). — TARIF GÉNÉRAL.

Numéros correspondants du Tarif général de la Métropole.	DÉNOMINATION DES PRODUITS.	UNITÉS sur lesquelles portent les droits.	TITRES de perception.	DROITS (décimes et 1/10 0 compris)		
				PRODUITS d'origine européenne.	PRODUITS d'origine extra-européenne. importés directement d'un pays hors d'Europe.	importés des entrepôts d'Europe.
	IMPORTATIONS PAR MER.			FR. C.	FR. C.	FR. C.
172 ter	Bière (fût compris, poids brut)	100 k. br.	29 déc. 1884 / 11 janv. 1892	(a) 9 50	(a) 9 50	(a) 9 50
174-646	Cartes à jouer { à portrait français	....	id.	prohibées.		
	Cartes à jouer { à portrait étranger	100 k. net	id.	75 »	75 »	78 60
580	Armes de guerre	....	14 juillet 1860 / 17 juillet 1867	prohibées.		
585-587	Munitions de guerre	....	id.	prohibées.		
648	Allumettes chimiques et bois { en bois...	100 k. net	11 janv. 1892	12 »	12 »	15 60
	préparé pour allumettes { autres ...	100 k. net	id.	9 »	9 »	23 60
»	Produits d'origine tunisienne	même régime que dans la Métropole.				
»	Toutes autres marchandises	....	17 juillet 1867 / 29 déc. 1884 / 11 janv. 1892	droits du Tarif général métropolitain.		
	IMPORTATIONS PAR LES FRONTIÈRES DE TERRE.					
	Écorces à tan de provenance tunisienne.	....	14 avril 1875	prohibées.		
»	Autres produits naturels ou fabriqués { origin. de la Régence de Tunis, de l'Empire du Maroc ou des pays du sud de l'Algérie	....	17 juillet 1867 / 29 déc. 1884	...... exempts.		
	{ d'ailleurs	....	id.	même régime qu'à l'importation par mer.		

EXPORTATIONS.

p. 162   Même régime que dans la Métropole. (Loi du 17 juillet 1867.)

(a) Déduction faite de la taxe de fabrication de 3 fr. 75 c. comprise dans le Tarif métropolitain.

TARIF DE L'ALGÉRIE (1892). — TARIF MINIMUM.

Numéros correspondants du Tarif minimum de la Métropole.	DÉNOMINATION DES PRODUITS.	UNITÉS sur lesquelles portent les droits.	TITRES de perception.	DROITS (décimes et 1 0,0 compris).
	IMPORTATIONS PAR MER.			FR. C.
172 *ter*	Bière (fût compris, poids brut).............	100 k. br.	29 déc. 1881 / 11 janv. 1892	6 50
474-616	Cartes à jouer { à portrait français.........	....	id.	prohibées.
	{ à portrait étranger	100 k. net	11 janv. 1892	60 »
580	Armes de guerre...........................			
585-587	Munitions de guerre	Voir, ci-contre, le Tarif général.		
648	Allumettes chimiques et bois { en bois.....	100 k. net	11 janv. 1892	12 »
	préparé pour allumettes { autres	100 k. net	id.	30 »
»	Toutes autres marchandises.................	....	29 déc. 1881 / 11 janv. 1892	droits du Tarif minimum métro-politain.
	IMPORTATIONS PAR LES FRONTIÈRES DE TERRE.			
	Écorces à tan de provenance tunisienne			
»	Autres produits naturels ou fabriqués { originaires de la Régence de Tunis, de l'Empire du Maroc ou des pays du sud de l'Algérie........	Voir, ci-contre, le Tarif général.		
	d'ailleurs	....	17 juill. 1867 / 29 déc. 1881	même régime qu'à l'importa-tion par mer.
	EXPORTATIONS.			
p. 162	Même régime que dans la Métropole. (Loi du 17 juillet 1867.)			

CHAPITRE V.

ENTREPOTS.

1. *Entrepôt réel.* — Il pourra être établi, pour des produits de la Tunisie et du Maroc importés par les frontières de terre de l'Est et de l'Ouest, ainsi que pour les marchandises étrangères et les produits des Colonies françaises importés par mer, un entrepôt réel dans chacune des villes où il existera un bureau de Douane, à la charge par ces villes de se conformer à l'article 25 de la loi du 8 floréal an XI. Aucun établissement de cette nature ne pourra, toutefois, être formé qu'en vertu d'autorisation accordée par décret spécial[1]. (Décret du 11 août 1853, art. 8; circulaire du 22 octobre, n° 155.)

2. Des entrepôts réels sont ouverts à Alger (Ordonnance du 16 décembre 1843, art. 18.) et à Oran (Même ordonnance, et décret du 20 juin 1857, art. 2 ; circulaire du 30, n° 476).

3. *Entrepôt fictif.* — Les marchandises admissibles en entrepôt fictif dans les ports de la Métropole (n° 148 des observations préliminaires du Tarif) ont droit au même régime à Alger et à Oran. Dans ces deux ports, par conséquent, la durée de l'entrepôt fictif est

---

1. La loi du 11 janvier 1851 ayant déclaré les lois de Douanes applicables à l'Algérie, y a rendu applicables les dispositions de la loi du 27 février 1832, relatives à l'entrepôt réel et au droit des villes de se substituer des particuliers. Par suite, un concessionnaire d'entrepôt réel en Algérie a le caractère d'un dépositaire public salarié, responsable comme tel, sauf le cas de force majeure, des objets entreposés. Et le concessionnaire ne saurait se soustraire à la responsabilité qui lui incombe, soit en excipant des conventions par lui faites avec la ville, soit en alléguant que dans la concession à lui faite de l'entrepôt toutes les prescriptions légales n'avaient pas été remplies. — Cassation, Chambre des requêtes, 21 juillet 1879 (Hugues et Lapra, 1883-1886, p. 144).

d'un an, et les marchandises peuvent être retirées de ces entrepôts pour toutes les destinations légales. (Observations préliminaires du Tarif n° 281.)

4. *Entrepôts fictifs spéciaux.* — Jusqu'à ce que les entrepôts réels soient régulièrement constitués, les marchandises pourront : 1° être déposées en Douane, à charge par les propriétaires d'en acquitter les droits d'importation et de magasinage, dans le délai d'un an; 2° être admises en entrepôt fictif, sous les formalités prescrites par l'article 15 de la loi du 8 floréal an XI, et sous la condition de renoncer à la faculté de réexportation (*sauf les exceptions spécifiées aux n° 9 à 11 ci-après*). La durée de cet entrepôt est fixée à une année; toutefois, sur la demande de l'entrepositaire, elle pourra être prolongée de six mois. (Ordonnance du 11 novembre 1835, art. 18, § 1er; circulaire du 26, n° 1515; ordonnance du 16 décembre 1843, art. 19; circulaire du 22, n° 2001, et décret du 11 août 1853, art. 9; circulaire du 22 octobre, n° 155.)

5. Une décision administrative du 9 janvier 1880 a maintenu par tolérance le régime de l'entrepôt fictif spécial à Alger et à Oran, bien que l'entrepôt réel fût constitué dans ces deux ports.

6. Toutefois, cette facilité est retirée au port d'Alger, en ce qui concerne les sucres et les cafés. (Décision du Gouverneur général de l'Algérie du 16 novembre 1888.)

7. La faculté de l'entrepôt fictif spécial est également retirée au port d'Oran pour les sucres et les cafés, et généralement pour toutes les marchandises qui en profitaient par tolérance. Cependant, en ce qui concerne les pétroles, la mesure ne sera appliquée que quand il sera possible de leur affecter un magasin spécial. (Lettre du Gouverneur général du 7 juin 1890.)

8. A Philippeville et à Bône, la durée de l'entrepôt fictif spécial est de deux ans. (Décision ministérielle du 7 février 1862, transmise par lettre de l'Administration du 14.)

9. La réexportation des sucres bruts, des cafés et des griffes de girofle placés en entrepôt fictif spécial est autorisée. (Décision du l'Administration du 10 mars 1868.)

10. Il en est de même pour la houille entreposée fictivement à Bône et Philippeville (Décision administrative du 30 janvier 1886), ainsi qu'à Beni-Saff (Décision administrative du 14 juin 1888).

11. La réexportation des marchandises placées en entrepôt fictif, conformément à l'article 9 du décret du 11 août 1853, et ne payant pas plus de 20 fr. les 100 kilogrammes, pourra avoir lieu par les bureaux de Lalia-Maghrnia, Nemours, La Calle, Souk-Ahras, Tebessa (Décret du 15 janvier 1870), et Ghardimaou (Décision administrative du 25 septembre 1884).

12. Les marchandises de toute nature placées dans un entrepôt fictif spécial peuvent être dirigées sur un autre entrepôt. (Observations préliminaires du Tarif n° 281.)

13. Les réexportations d'entrepôt peuvent avoir lieu par les navires du tonnage autorisé pour Marseille (Voir le n° 51 des observations préliminaires du Tarif); les autres opérations restent soumises aux restrictions de tonnage obligatoires dans la Métropole. (Décision ministérielle du 7 février 1862, transmise par lettre de l'Administration du 14, et observations préliminaires du Tarif n° 280.)

Voir chapitre XIII (n° 9, 12, 13), pour l'entrepôt des marchandises soumises à l'octroi de mer

CHAPITRE VI.

TRANSIT.

1. *Transit ordinaire.* — Les ports d'entrepôt réel d'Alger et d'Oran sont, à ce titre, ouverts au transit à l'entrée et à la sortie (Observations préliminaires du Tarif n° 282, § 1ᵉʳ); le bureau de Ghardimaou est également ouvert à ces opérations (Décision administrative du 25 septembre 1881).

2. Les opérations de transit à l'entrée sont autorisées par tous les bureaux de Douane, pour les marchandises taxées à 20 francs ou moins par 100 kilogrammes, à condition de sortie par les bureaux de Nemours, Tebessa, Souk-Ahras, Lalla-Maghrnia, La Calle et Ghardimaou. (Observations préliminaires du Tarif n° 282, deuxième paragraphe; décret du 15 janvier 1870, art. 1ᵉʳ, et décision administrative du 25 septembre 1884.)

3. *Transit international.* — Les opérations de transit international sont autorisées par les bureaux de Ghardimaou, Souk-Ahras, Bône, Constantine et Philippeville; mais cette autorisation n'est accordée qu'à titre provisoire et ne deviendra définitive qu'après la production d'une demande spéciale introduite dans l'objet par les différentes Compagnies intéressées. (Décision administrative du 20 septembre 1884.)

4. La ligne de chemin de fer de Bône à Ghardimaou est ouverte aux expéditions sous le régime du transit international. (Décision de l'Administration du 28 mars 1885.)

CHAPITRE VII.

ADMISSIONS TEMPORAIRES.

Cacao et sucre pour la fabrication du chocolat.

1. Le cacao et le sucre de canne importés des pays hors d'Europe, ainsi que le sucre de betterave fabriqué en France, pourront être admis temporairement en Algérie, en franchise de droits de Douane et d'octroi de mer, pour la fabrication du chocolat, sous les conditions déterminées par l'article 5 de la loi du 5 juillet 1836. (Décret du 21 juillet 1887, art. 1er; circulaire du 6 août, n° 1861.)

2. L'importateur s'engagera, par une soumission valablement cautionnée, à réintégrer en entrepôt en France, dans un délai maximum de quatre mois, 100 kilogrammes de chocolat pour 53 kilogrammes de cacao, et 54 kilogrammes de sucre raffiné ou une quantité équivalente de sucre brut.

3. Les chocolats présentés pour la décharge des comptes seront, à cet effet, expédiés en colis plombés sur l'un des bureaux de Marseille, Bordeaux ou Nantes, où ils seront vérifiés et placés en entrepôt jusqu'au moment de leur réexportation ou de leur mise à la consommation[1]. (Même décret, art. 2.)

---

1. Ces expéditions s'effectuent en vertu de passavants de cabotage qui, après avoir été revêtus par les Douanes de destination des certificats de visite et d'entrée en entrepôt, sont immédiatement renvoyés aux bureaux d'émission, où ils servent à l'apurement des soumissions d'admission temporaire. (Circulaire du 6 août 1887, n° 1861.)

Nota. — Il existe maintenant un laboratoire de Douane à Alger. — Voir le renvoi 1 du n° 8, chapitre Ier.

4. Ne seront admis à la décharge des soumissions d'admission temporaire que les chocolats valant au moins 2 fr. 50 c. le kilogramme en fabrique, droits compris, et composés exclusivement de cacao, de sucres et d'aromates, sans mélange d'aucune autre substance. Ils devront être revêtus de l'étiquette ou de la marque du fabricant. (Même décret, art. 3.)

5. Ces chocolats pourront être réexpédiés en Algérie pour la consommation, moyennant le paiement des droits de Douane du Tarif algérien et des droits d'octroi de mer sur les matières premières employées à leur fabrication. (Même décret, art. 4.)

6. Toute manœuvre ayant pour objet de faire admettre comme purs des chocolats mélangés entraînera, pour les fabricants, la déchéance du bénéfice de l'admission temporaire, indépendamment des pénalités édictées par l'article 5 de la loi du 5 juillet 1836. (Même décret, art. 5). — Voir le n° 27 du chapitre III.

Blés-Froments.

7. Le régime de l'admission temporaire est accordé, en Algérie, aux blés-froments étrangers importés, sans distinction d'espèce ni d'origine, pour la mouture. (Décret du 17 février 1886, art. 1er; circulaire du 2 mars, n° 1774.)

8. Pour 100 kilogrammes de froment importé, on sera tenu de représenter en farines de froment bien conditionnées, de bonne qualité et sans mélange quelconque :

        90 kilog. de farine blutée à. .   10 0/0
        80   —   —   . .   20 0/0
        70   —   —   . . 30 0/0
(Décret du 17 février 1886, art. 2¹.)

9. Les froments destinés la mouture pourront être importés par tous les bureaux ouverts à l'entrée des céréales.

---

1. Voir le décret du 2 mai 1892, circulaire du 11, n° 2155, créant un quatrième type à 40 0/0.

10. La réexportation des farines ne pourra avoir lieu qu'à destination de l'étranger et des colonies françaises, à l'exclusion de la Métropole. Elles devront être représentées à l'un des bureaux compétents compris dans le département où l'importation temporaire des blés aura été effectuée. Ces bureaux sont ceux : d'Oran, de Mostaganem, d'Alger, de Philippeville, de Bône (Même décret, art. 3), de Nemours (Décision ministérielle du 6 février 1888, transmise le 9).

11. Des décisions ministérielles pourront ouvrir ultérieurement d'autres bureaux à la réexportation des farines. (Même décret, art. 3.)

12. Les déclarants s'engageront, par une soumission valablement cautionnée, à réexporter ou à réintégrer en entrepôt, dans le délai de trois mois, des farines en quantité et qualité, selon le degré de blutage, conformes aux prescriptions de l'article 2 ci-dessus.

13. Les déclarations pour la mouture ne seront pas reçues, et aucun permis ne sera délivré pour moins de 150 quintaux de froment à la fois. (Même décret, art. 4.)

14. Des échantillons de farines de pur froment blutées à 10, 20 et 30 0/0, seront déposés dans les bureaux de Douane ci-dessus désignés, afin d'y servir de types pour la vérification des farines. En cas de doute ou de contestation, des échantillons spéciaux, prélevés contradictoirement par le service des Douanes et le soumissionnaire ou son représentant, seront soumis à l'expertise légale[1]. (Même décret, art. 5.)

---

1. Les bureaux d'importation ne perdront pas de vue qu'il existe des types différents pour les farines de blés tendres et pour les farines de blés durs. Il y a lieu, par conséquent, de toujours indiquer dans les acquits-à-caution d'admission temporaire la catégorie à laquelle les blés appartiennent. (Circulaire du 2 mars 1886, n° 1774.)

CHAPITRE VIII.

ACQUITTEMENT DES DROITS ET COMPTABILITÉ.

1. Les dispositions qui régissent sur le continent le crédit en matière de droits de Douanes sont applicables en Algérie aux taxes de Douane et aux taxes d'octroi de mer. Ces taxes doivent faire l'objet de traites distinctes. (Arrêtés ministériels des 9 mai 1854 et 24 septembre 1875; lettre de la comptabilité publique du 20 décembre 1875.)

(Voir chapitre XIII, n°° 15 à 29 et 39 à 43, pour les droits d'octroi de mer, et le chapitre XIV, n°° 28 à 30, pour la taxe d'Etat sur l'alcool.)

Comptabilité.

2. Les produits et revenus de l'Algérie sont rattachés aux produits et revenus similaires de la Métropole conformément au tableau C annexé au décret du 21 septembre 1881. Les Receveurs des Douanes suivront le mode de classement ci-après :

Budget ordinaire.

CONTRIBUTIONS ET REVENUS PUBLICS.

Impôts et revenus indirects.
- Droits de Douanes.
- Droits de navigation.
- Droits et produits divers de Douanes (recettes accessoires, amendes et confiscations, plombage et estampillage).

Divers revenus. — Retenues et autres produits perçus en exécution de la loi sur les pensions civiles.

(Circulaire de la comptabilité publique du 24 septembre 1881, n° 1375.)

3. Il est admis que les appointements et indemnités revenant aux employés du service des bureaux et des brigades en Algérie continueront, par exception, en raison des difficultés des communications, à être portées chaque mois au chapitre des avances. (Lettre de l'Administration du 14 mars 1876.)

4. En Algérie, comme dans la Métropole, les Receveurs principaux sont seuls justiciables de la Cour des comptes. (Arrêté présidentiel du 26 décembre 1848; circulaire du 10 janvier 1849, n° 2298.)

(Pour la gestion des Receveurs des contributions diverses faisant fonctions de Receveurs des Douanes, voir chapitre II, § 1 à 5 du n° 14.)

CHAPITRE IX.

POLICE DES FRONTIÈRES.

**1. Frontières de terre : Bureaux d'importation et d'exportation ;
rayon douanier.** — Décret du 24 juillet 1890, inséré le 13 août
suivant au *Mobacher* :

LE PRÉSIDENT DE LA RÉPUBLIQUE FRANÇAISE :

Vu les lois du 17 juillet 1867 et du 29 décembre 1884, concernant le
service des Douanes en Algérie ;

Vu la délibération du Conseil du Gouvernement général de l'Algérie,
en date du 31 mai 1889 ;

Considérant la nécessité, d'une part, de régulariser et de faciliter les
rapports commerciaux, par terre, de l'Algérie avec le Maroc et la Régence
de Tunis ; d'autre part, d'assurer une protection plus efficace aux intérêts
du Trésor public et des communes algériennes ;

Sur le rapport du Ministre du Commerce, de l'Industrie et des Colonies,
et d'après l'avis du Ministre des Finances,

DÉCRÈTE :

ARTICLE 1er. — L'importation, par les frontières de terre, des produits de
toute provenance, et l'exportation des produits du sol et de l'industrie de
la Métropole et de l'Algérie, ou de ceux qui auront été nationalisés par le
paiement des droits, auront lieu par les villes et postes ci-après désignés.

Pour la frontière Est :

Par La Calle, Roum-el-Souk, Bou-Hadjar, Ghardimaou (gare internationale), Souk-Ahras, Aïounet-el-Dieb, Tébessa, Biskra, El-Oued.

Pour la frontière Ouest :

Par Gar-Rouban, Lalla-Maghrnia, Nedroma, Nemours.

ART. 2. — De nouveaux bureaux et de nouvelles brigades de Douanes
seront établis et organisés sur les frontières de terre de l'Algérie.

L'action du service des Douanes aura pour limites intérieures les places
dénommées ci-après : à l'Est, La Calle, Le Tarf, Bou-Hadjar, Souk-Ahras,
M'daourouch, Aïounet-el-Dieb, Bordj-Morsot, Bordj-Meskiana, Khenchela,
la route de Batna jusqu'à l'Oued-Firès, l'Oued-Firès jusqu'au Djebel-M'amel,
la ligne des crêtes jusqu'à El-Kantara, la ligne ferrée jusqu'aux limites

du douar El-Oulaïa, la limite Ouest de ce douar, Aïn-Oumash, Chegga, les routes de Tougourt et Tougourt; à l'Ouest, Beni-Saff, Montagnac (Remchi), Tlemcen, Sebdou, El-Aricha.

Art. 3. — Seront soumis à la police du rayon frontière de terre en Algérie les marchandises prohibées, les armes et munitions, les denrées coloniales, les tissus de coton et toutes autres marchandises que l'Administration des Douanes jugerait nécessaire d'ajouter à cette liste. Ces additions seront prononcées par décision de la dite Administration des Douanes et notifiées au commerce par voie d'insertion au *Journal officiel* de la Colonie.

Art. 4. — Les dispositions du présent décret seront applicables en Algérie, à compter du 1er janvier 1891.

Art. 5. — Le Ministre du Commerce, de l'Industrie et des Colonies, et le Ministre des Finances, sont chargés, chacun en ce qui le concerne, de l'exécution du présent décret, qui sera inséré au *Journal officiel* et au *Bulletin des lois.*

2. Désignation des voies *réputées les chemins les plus directs* conduisant de la frontière aux bureaux de Douanes (exécution de l'article 1er du titre II de la loi du 22 août 1791)[1].

Frontière marocaine.

Bureau de Gar-Rouban : 1° Chemin vicinal de Marnia à Gar-Rouban par Sidi-Zaher; 2° chemin d'Oudjda à Gar-Rouban par l'Oued-Ayache.

---

1. Voici le texte de cet article : « Toutes les marchandises et denrées » importées dans le royaume seront conduites directement au premier bu-» reau d'entrée de la frontière, à peine de confiscation et de 100 livres » d'amende. Les marchands et voituriers seront tenus de combiner leur » marche de manière à prendre la route directe du lieu où sera situé le » premier et le plus prochain bureau. Seront seulement exceptés de cette » disposition les fruits crus, les grains, graines, légumes et autres menues » denrées qui seront importés par des routes sur lesquelles il ne se trou-» vera pas de bureau. Dans ce cas, les préposés à la police du commerce » extérieur pourront vérifier sur les dites routes si ces objets ne servent » point à en cacher qui seraient sujets aux droits. »

Nota. — Les pénalités sont maintenant plus élevées, en vertu de l'art. 4 du titre III de la loi du 4 germinal an II, et de l'art. 41 de la loi du 28 avril 1816.

Bureau de Lalla-Maghrnia. — 1° Chemin de Sidi-Bou-Djenan à Marnia par le camp du Chat, sur la Mouilah; Haouch-Sidi-Bahloul et le marabout de Lalla-Maghrnia; 2° chemin d'Oudjda à Marnia par Zoudj-el-Beghal, coupant l'Oued-Atchan en aval de Djorf-el-Kheima; les fermes Boulade et Roguillet.

(Arrêté du Général commandant la Division d'Oran en date du 19 octobre 1890).

Bureau de Nemours. — 1° Chemin d'Adjeroude à Nemours : ce chemin traverse le territoire de la commune militaire de Marnia, avec une direction Ouest-Est; arrivé au marabout Sidi-Taïeb, il oblique vers le Nord-Est pour se rendre à Nemours en passant sur le territoire des douars-communes de Zaouïet-el-Mira, des Souhalia-Fouaga, des Souhalia-Tahta (2° partie), et enfin le territoire de Nemours. Partant d'Adjeroude, ce chemin passe au marabout Si-Abd-el-Kader, au village d'Aïn-Ouabra, au village Sbabna, à Aïn-Arbouse, franchit l'Oued-Couerda au point appelé Souk-el-Arba, continue, en passant aux marabouts Hadj-Abdella-Sidi-Taïeb, laisse à gauche le village de Zaouïet-el-Mira, à droite celui de Safra, et arrive à Nemours, après avoir franchi l'Oued-Gazaouana par le pont métallique. — 2° Chemin d'Oudjda à Nemours : ce chemin a une direction générale Sud-Ouest-Nord-Est ; il traverse le territoire de la commune militaire de Marnia, les douars-communes de Zaouïet-el-Mira, des Souhalia-Fouaga, des Souhalia-Tahta (1re partie), et le territoire de Nemours. Il passe aux marabouts de Sidi-Bou-Djenan, de Sidi-Brahim, aux villages des Ouled-Hamno, des Ouled-Ali, de Bedàa, et arrive à Nemours par le même tracé que celui d'Adjeroude à Nemours.

Bureau de Nedroma. — 1° Chemin d'Adjeroude à Nedroma : ce chemin a une direction générale Ouest-Est; il traverse le territoire de Marnia, les douars-communes de Zaouïet-el-Mira, des Souhalia-Fouaga, des Souhalia-Tahta, des Beni-Menir, de Nedroma. D'Adjeroude à l'Oued-Couerda, ce chemin épouse le tracé du chemin d'Adjeroude à Nemours. A ce point, il oblique à droite, traverse l'Oued-Oddit, passe aux marabouts de Sidi-Abdelli, de Sidi-Brahim, au village Taïma, franchit le col de Bab-Feraki, arrive sur le chemin de grande communication n° 46, à la borne kilométrique 33,100, après avoir épousé sur une longueur de 5 kilomètres le chemin vicinal n° 13 de Nedroma. — 2° Chemin d'Oudjda à Nedroma : ce chemin a une direction Nord-Est jusqu'au marabout de Sidi-Bou-Djenan ; à ce point, il se dirige vers l'Est, traverse les douars-communes des Djeballa, de Nedromah. D'Oudjda à Sidi-Bou-Djenan, il suit le tracé du chemin ci-dessus ; de là, il franchit l'Oued-Tifferis, situé sur le Blead-Mezouidien, passe au village d'El-Arrouss, laisse à gauche celui de Ternoua, touche au marabout de Sidi-Aïet, franchit l'Oued-Bou-Baïrin, passe à droite de la ferme Ben-Kahal, et arrive sur le chemin n° 46 de grande communication, à la borne kilométrique 32,100, lequel est épousé jusqu'à Nedroma.

(Arrêté du Préfet d'Oran en date du 7 novembre 1890.)

Frontière tunisienne.

Bureau d'El-Oued. — A. *Marchandises venant du Djerid et du Nord de la Tunisie viâ Gafsa, Tozeur, Nefta :* Deux chemins, savoir : 1° Par Bir-el-Azeli, Chouchet-el-Youdi, Bir-Bounab, Bir-Guenaouba, Bir-Guessar-Tsémia, Bir-Redji, Bir-el-Kheirane, Bir-es-Sahine, Bir-el-Sifa, Tarfaoui, Bir-Mohammed-el-Kaddour, El-Oued ; 2° Bir-el-Azeli, Bir-el-Khouarzen, Bir-Boukhial, Bir-Ghenada, Bir-Lebires, Guettar-el-Aouidj, Bir-Bou-Gsisia, Bir-Had,Kaddour, El-Ghout, Bir-Zorbiat, Debila, El-Oued. — B. *Marchandises venant du Nefzaoua viâ Douz et Sobria :* Un chemin, par Bir-el-Guettariat, Bir-Douar, Bir-Salem-Lechab, Oglet-el-Aoubed, Bir-el-Mehiri, Bir-Touati, Trefaoui, El-Oued. — C. *Marchandises venant de Douiret et de l'extrême Sud de la Régence :* Un chemin, par Bou-Ghareb, Mouïet-Ghadamsia, Bir-Sanoun, Bir-Ataya, El-Oued. — D. *Marchandises venant de la Tripolitaine, viâ Naloul et Si-Naoun :* Trois chemins, savoir : 1° Bir-el-Aouïn, Ouïdian, Berresof, Oglet-Sidi-Aoun, Bir-si-Moussa, Bir-Sahnouna, Amich, El-Oued ; 2° Sif-el-Abiod, El-Azreg, Berresof, Oglet-Sidi-Aoun, Bir-si-Moussa, Bir-Sahnouna, Amich, El-Oued ; 3° Remel-el-Abiod, Kheit-el-Ahrach, Berresof, Oglet-Sidi-Aoun, Bir-si-Moussa, Bir-Sahnouna, Amich, El-Oued. — E. *Marchandises venant de Ghadamès :* Trois chemins, savoir : 1° Ali-Ben-Khezin, Zemlet-el-Harcha, Berresof, Oglet-Sidi-Aoun, Bir-si-Moussa, Bir-Sahmouna, Amich, El-Oued ; 2° Ali-Ben-Khezin, Zemlet-el-Harcha, Mouïet-Aïssa, Bir-M'zagguech, Bir-el-

Abiod, Sif-el-Ayat, El-Oued; 3° Ali-Ben-Khezin, Haoud-el-Lefaa, Bir-Gardaïa, Bir-Djerhelmi, Bir-el-Naceur, Hassi-Djeratatmi, Noulet-Ali, Oun-el-Nsour, El-Oued.

(Arrêté du Général commandant la Division de Constantine en date du 20 novembre 1890.)

Bureau de La Calle. — 1° La route départementale n° 3, de Bône à Aïn-Draham, en passant par Fedj-Kala, Lacroix et Oum-Teboul, 2° le chemin d'intérêt commun n° 37 d'Oum-Teboul à Tabarka, par le col de Kef-Kadjela et Oum-Teboul.

Bureau de Roum-el-Souk. — 1° Le chemin d'El-Aïoun à Roum-el-Souk par Aïn-Smaïn; 2° le chemin de Bordj-Hammam à Roum-el-Souk.

Bureau de Bou-Hadjar. — 1° Le chemin de la frontière à Bou-Hadjar par Sidi-Trad, Aïn-Kerma et le pont sur l'Oued-Bou-Hadjar; 2° Le chemin de la frontière à Bou-Hadjar par Fedj-Karouba et Bordj-Hamra.

Bureau de Souk-Ahras. — Le chemin de grande communication n° 30 du Kef à Souk-Ahras par la vallée de l'Oued-Zerka.

Bureau d'Aïounet-el-Dieb. — 1° Le chemin du Kef par Felta, l'Oued-Defla, l'Oued-Ogrina, le Kanguet, Karreta, l'Oued-Ksob, le pied sud du Djebel-Ouenja, l'Oued-Besbès, le pied nord du Djebel-Guelb; 2° le chemin de Kalàa par El-Meridj, l'Oued-el-Baïd, l'Oued-Bou-Sba, l'Oued-el-Archa et Aïn-Chenia.

Bureau de Tebessa. — Sud : 1° le chemin de Gafsa par le Bou-Chebka, Ben-Fatia, et le col de Bekkaria; 2° le chemin de Ferrana par Bir-Oum-Ali, Elma-el-Abiod, et le col de Tenoukla. — Nord : les les chemins du Kef et de Kalàa passant au pied du Djebel-Bou-Djaber à Aïn-Zerga et au Gouraï. — Est : 1° le chemin de Kasserin par le Kanguet-Mouhad; 2° le chemin de Kairouan par Aïn-Kelem, Aïn-el-Bey et Aïn-Sedjera.

Bureau de Biskra. — Sud : le chemin d'Ouargla suivant la vallée de l'Oued-Meya jusqu'à Tougourt, et la vallée de l'Oued-Rhir. — Est et Sud-Est : 1° le chemin de Negrine par Ferkane, Taddart,

Zeribet-Ahmed, Zeribet-el-Oued et Sidi-Okba; 2° le chemin de Ber-resof passant par Bir-Touam, Oglat-Sidi-Aoum, Bir-Aoudia, Moniat-Kebab, Melah-Sidi-Moussa et El-Oued.

(Arrêté du Préfet de Constantine du 8 décembre 1890.)

3. Les parties des frontières de terre de l'Est et de l'Ouest, ainsi que de la ligne saharienne, qui ne pourront être l'objet de la surveillance directe du service des Douanes, seront gardées par des chefs indigènes commissionnés à cet effet par les Généraux commandant les Divisions. (Décret du 11 août 1853, art. 5; circulaire du 22 octobre, n° 155.)

4. Soit à l'entrée, soit à la sortie, l'affranchissement des droits ne dispensera pas de faire aux Douanes la déclaration conforme aux dispositions de l'article 9, titre II, de la loi du 22 août 1791, selon les unités énoncées au Tarif général de France, sous peine de cent francs d'amende par fausse déclaration. (Loi du 11 janvier 1851, art. 2; circulaire du 29, n° 2421).

NOTA. — Les opérations entre les points du littoral algérien où il n'y a ni Receveur ni Brigadier-buraliste (voir chapitre II, *nota* à la suite du n° 30), et les embarquements à destination de la Métropole ou de l'étranger, sur les points où il n'y a pas de Receveur, ne peuvent avoir lieu qu'avec l'autorisation préalable du Directeur, prescrivant la levée, au bureau le plus voisin du lieu d'embarquement, du permis exigé par l'article 13 du titre II de la loi du 22 août 1791.

CHAPÍTRE X.

DÉLITS ET CONTRAVENTIONS.

1. Les délits et contraventions seront déférés, savoir : en territoire civil, aux tribunaux ordinaires français institués par l'article 3 de l'ordonnance du 26 septembre 1842, et en territoire militaire aux Conseils de guerre consacrés par l'article 42 de la dite ordonnance, et aux Commandants de place institués ou confirmés par l'ordonnance du 31 octobre 1838, l'arrêté du 5 août 1843 et le décret du 22 mars 1852. (Décret du 11 août 1853, art. 11 ; circulaire du 22 octobre, n° 155.)

2. Toutefois, les délits et contraventions punissables de peines correctionnelles commis en territoire militaire par les Européens et les Israélites sont déférés aux tribunaux ordinaires. (Décret du 15 mars 1860, art. 1ᵉʳ.)

3. Les Conseils de guerre sont seuls compétents en Algérie pour connaître des délits et contraventions de Douane commis en territoire militaire par des indigènes ou des musulmans ; il n'a été dérogé à cette compétence que relativement aux infractions commises par des Européens et des Israélites (Décret du 15 mars 1860, art. 1ᵉʳ), lesquels doivent être déférés à la juridiction du droit commun. Le Code de justice militaire, notamment, n'a apporté aucune modification sur ce point à la législation spéciale de l'Algérie. — Cassation ; Chambre criminelle, 24 novembre 1864 (de Ménerville, 1866-1872, p. 127, renvoi 1.)

4. Les délits et contraventions en matières de Douanes, lorsqu'ils sont commis en territoire militaire ou de commandement, doivent, conformément aux articles 11 et 12 du décret du 11 août 1853, être portés devant les Conseils de guerre, qu'il s'agisse de contrebande par terre ou de contrebande par mer.

5. Ce décret est, en ce qui concerne les indigènes musulmans, toujours en vigueur. Il n'a été, au regard de ces derniers, abrogé ni

par le décret du 15 mars 1860 qui défère aux juridictions de droit
commun les Européens et les Israélites pour les crimes ou délits
commis par eux en territoire militaire, ni par la loi du 17 juillet 1867
sur le régime. des Douanes en Algérie, ni par l'article 273 du Code
de justice militaire. — Cassation; Chambre criminelle, 6 mars 1884
(Hugues, *Législation de l'Algérie*, 1883-1887, p. 141).

6. Les jugements rendus par les Conseils de guerre ne donnent
lieu qu'au pourvoi en révision tel qu'il est réglé par les lois militaires. (Ordonnance du 26 septembre 1842, art. 42.)

7. Ces tribunaux appliqueront aux délits et contraventions les
peines et réparations civiles édictées par la législation de la Métropole, et notamment les lois des 22 août 1791, 4 germinal an II,
28 avril 1816 et 21 avril 1818. (Décret du 11 août 1853, art. 11, §2;
circulaire du 22 octobre, n° 155.)

8. Les délits et contraventions en matière de Douanes commis sur
les frontières de terre seront établis soit par procès-verbaux revêtus
des formalités qui, d'après le titre IV de la loi du 9 floréal an VII,
confèrent à ces actes le privilège de faire foi en justice jusqu'à inscription de faux, soit, à défaut, par toutes les preuves qu'autorisent
les articles 154 et 189 du Code d'instruction criminelle. (Même décret,
art. 12.)

9. Lorsqu'une contravention *de compétence civile* devra être constatée au préjudice d'un musulman, le Receveur au bureau duquel les
préposés devront se retirer pour rédiger ou clore leur procès-verbal
devra requérir immédiatement le concours d'un interprète juré, et
lui faire traduire sous ses yeux la partie analytique de cet acte dont
il sera nécessaire que le contrevenant musulman ne puisse prétexter
cause d'ignorance. Cette formalité s'accomplira avant la clôture
même du procès-verbal, qui en devra relater l'exécution, selon le
vœu de l'article 68 de l'ordonnance du 28 février 1841. (Voir article correspondant de l'ordonnance du 26 septembre 1842.)

10. Cette traduction sera remise à la partie en même temps que
la copie du rapport, ou, si elle est absente, elles seront simultanément
affichées à la porte extérieure du bureau, selon la prescription de

la loi du 9 floréal an VII, et mention de l'accomplissement de l'une ou de l'autre de ces formalités sera pareillement faite sur le procès-verbal.

11. Les frais de traduction et d'expédition en langue arabe de l'acte dont il s'agit seront présentés en taxe, et, dans tous les cas, tomberont à la charge de la partie qui succombera. (Décision de l'Administration du 3 avril 1852.)

12. Le délai de quatre jours fixé par l'article 20 de la loi du 22 frimaire an VII, pour l'enregistrement des procès-verbaux des contraventions, est porté à quinze jours pour celles de ces contraventions qui seront constatées dans les territoires militaires de l'Algérie en matière de Douanes et de contributions diverses. (Décret du 19 janvier 1856.)

Est porté de quatre à quinze jours le délai fixé par l'article 20 de la loi du 22 frimaire an VII, pour l'enregistrement : 1° des actes des huissiers et autres ayant pouvoir de faire des exploits et procès-verbaux et résidant dans des localités où il n'existe pas de bureau de l'Enregistrement; 2° des actes des agents remplissant les fonctions d'huissiers en territoire militaire, alors même que ces agents ont leur domicile dans une ville où un bureau de l'Enregistrement est est installé[1]. (Décret du 23 août 1875.)

13. Sont officiers de police judiciaire, auxiliaires du Procureur de la République en territoire militaire pour la recherche et la constatation des délits et contraventions de la compétence des tribunaux ordinaires, indépendamment des magistrats, fonctionnaires et agents dénommés aux articles 9 et 10 du Code d'instruction criminelle :

1° Les Commandants, Majors et Adjudants de place;

2° Les Sous-Officiers et Commandants de brigades de gendarmerie.

---

1. Les lois et ordonnances qui seraient rendues en France, relativement aux droits d'enregistrement de greffe ou d'hypothèque, ne deviendront exécutoires en Algérie qu'en vertu d'ordonnances spéciales. (Ordonnance du 19 octobre 1841, art. 7.)

Nota. — Les droits d'enregistrement, réduits de 50 0/0 en Algérie par l'ordonnance ci-dessus (art. 2), ont été exhaussés de 1 dixième par la loi du 29 juillet 1882.

En cas de concurrence entre un Officier de police judiciaire de l'ordre civil et un Officier de police judiciaire appartenant à l'armée, l'instruction est faite par le premier.

14. Les Officiers et Sous-Officiers désignés aux § 1 et 2 de l'article précédent transmettent sans délai à l'Autorité judiciaire compétente les procès-verbaux, actes, pièces et instruments dressés ou saisis par eux, et, en cas d'arrestation de l'inculpé, ils le mettent à la disposition de cette Autorité. (Décret du 15 mars 1860, art. 5 et 6.)

15. En Algérie, les Conseils de guerre étant appelés à connaître des délits et contraventions de Douanes commis en territoire militaire, l'Administration des Douanes a le droit de se prévaloir, devant ces Conseils, des garanties que la loi lui acorde devant les tribunaux correctionnels, en tant que les garanties dont il s'agit n'ont rien d'inconciliable avec la constitution des juridictions militaires.

16. Ainsi, elle peut intervenir pour réclamer les réparations civiles qui lui sont dues et la confiscation des objets saisis.

17. Elle peut aussi déférer au Conseil de révision les jugements des Conseils de guerre, même au cas d'acquittement des prévenus.

18. Et, par suite, elle est recevable à se pourvoir en Cassation contre les jugements du Conseil de révision. — Arrêt de Cassation du 9 juin 1866 (de Ménerville. 1866-1872, p. 127, renvoi 2).

19. Il y a violation des formes de la loi et des dispositions de la législation spéciale à la Douane dans le jugement d'un Conseil de guerre qui méconnaît en Algérie à l'Administration des Douanes le droit de se porter partie civile dans une instance poursuivie par le ministère public, et refuse de statuer sur les réparations civiles par elle réclamées. — Conseil de révision d'Alger, 21 août 1884. (Hugues, 1883-1887, p. 144.)

20. Les règles à suivre en vue de l'instruction et du jugement devant les tribunaux militaires (Conseils de guerre et de révision) sont déterminées par les lois sur la justice militaire. (Loi du 9 juin 1857; armée de terre; *Bulletin des lois*, 11e série, n° 4828.)

CHAPITRE XI.

NAVIGATION.

1. La navigation entre la France et l'Algérie ne pourra s'effectuer que sous pavillon français[1]. (Loi du 3 avril 1889, art. 1er; circulaire du 8, n° 1974.)

2. Cette mesure ne produira son entier effet qu'après l'échéance des traités qui accordent aux Etats contractants le bénéfice de la disposition inscrite dans l'article 9 de la loi du 19 mai 1866. (Circulaire n° 1974.)

3. Notre convention de navigation du 28 février 1882 avec l'Angleterre demeurant en vigueur, les départements ministériels compétents ont reconnu que la loi de 1889 ne pourrait pas recevoir, à dater du 1er février 1892, son entière application. Ses effets seront suspendus pour la Grande-Bretagne, et, par voie de conséquence, pour la Russie, l'Autriche-Hongrie, l'Allemagne et le Danemark (Circulaire du 22 janvier 1892, n° 2123, p. 126), la Suède et la Norwège (Circulaire du 1er février 1892, n° 2129).

4. Le cabotage d'un port à l'autre de l'Algérie pourra, sur une autorisation du Gouverneur général de cette Colonie, être fait par navires étrangers. (Ordonnance du 16 décembre 1843, art. 2; circulaire du 22, n° 2001; loi du 11 janvier 1851, art. 8; circulaire du 29, n° 2421; loi du 19 mai 1866, art. 9, § 2; circulaire du 13 juin, n° 1034.)

Congé.

5. Les embarcations françaises de tout tonnage attachées aux

---

[1]. Sont réputés voyages au cabotage français ceux qui se font de port français à port français, y compris ceux de l'Algérie. (Loi du 30 janvier 1893, titre Ier, art. 1er; circulaire du 1er février, n° 2249.) — Voir le chapitre XXII : Primes à la marine marchande.

ports de l'Algérie doivent être accompagnées d'un congé valable pour un an, et dont le prix est fixé à un franc. (Ordonnance du 16 décembre 1843, art. 5, et lettre de l'Administration du 17 septembre 1888.)

Les yachts de plaisance attachés aux ports de l'Algérie doivent, comme toutes les embarcations françaises, être assujettis au droit de congé annuel. (Décision de l'Administration du 20 mars 1890.)

Passeport.

6. Les embarcations étrangères exclusivement employées en Algérie aux transports comme allèges dans l'intérieur des ports doivent être accompagnées d'un passeport valable pour un an, et le prix en est fixé comme suit :

	de moins de 10 tonneaux	5 fr.
Bateaux :	de 10 tonneaux à 30 tonneaux . .	15
	de plus de 30 tonneaux	30

(Ordonnance du 16 décembre 1843, art. 5.)

(*L'article 1ᵉʳ de la loi du 1ᵉʳ mars 1888[1] a eu pour effet d'abroger les dispositions de l'article 5 de l'ordonnance du 16 décembre 1843 relatives aux bateaux pêcheurs étrangers*). — Décision l'Administration du 30 avril 1888.

7. Les navires étrangers sont tenus, à leur sortie des ports de l'Algérie, de se pourvoir d'un passeport dont le prix est fixé à 50 centimes. (Ordonnance du 16 décembre 1843, art. 6; circulaire du 22, n° 2001.)

8. Les droits de congé et de passeport ci-dessus sont affranchis du décime additionnel (Ordonnance du 16 décembre 1843, art. 22), ainsi que de la taxe du 4 0/0 établie par la loi du 30 décembre 1873 (Circulaire du 31, n° 1228, p. 1).

9. Les embarcations étrangères employées en Algérie aux transports comme allèges dans l'intérieur des ports, et les embarcations

---

1. Interdiction de la pêche aux étrangers dans les eaux territoriales de France et d'Algérie.

françaises attachées aux susdits ports, porteront un numéro d'ordre, ainsi que l'indication du nom des propriétaires et du port d'attache, sous peine de 500 francs d'amende. Ces indications seront reproduites dans le passeport ou le congé dont chacune de ces embarcations devra être accompagnée, sous peine d'une amende de 100 francs. (Ordonnance du 16 décembre 1843, art. 5; circulaire du 22, n° 2001.)

Droit de quai.

10. Le droit de quai de 50 centimes et de un franc par tonneau de jauge, établi par la loi du 30 janvier 1872, est perçu dans les ports de l'Algérie par tonneau d'affrétement sur les marchandises débarquées. (Loi du 20 mars 1875, art. 1ᵉʳ; circulaire du 27, n° 1263.)

11. Pour la composition du tonneau d'affrétement, on se conforme au Tarif annexé au décret du 25 août 1861, transmis par la circulaire du 31, n° 788. (Circulaire du 27 mars 1875, n° 1263.)

12. Le droit de quai est également perçu proportionnellement au nombre de passagers débarqués, et fixé comme suit :

1° Un tonneau par chaque passager débarqué, chaque enfant quel que soit son âge étant compté pour un passager; 2° deux tonneaux pour un cheval; 3° trois tonneaux par voiture à deux roues, et quatre tonneaux par voiture à plus de deux roues.

13. Les bagages des passagers, y compris les petites provisions de voyage qu'ils ont avec eux, ne sont pas comptés dans l'évaluation des marchandises débarquées. (Loi du 20 mars 1875, art. 2; circulaire du 27, n° 1263.)

14. Le droit de quai perçu en Algérie, en vertu des articles 1 et 2 de la loi du 20 mars 1875, ne pourra, en aucun cas, excéder la somme qui aurait été perçue d'après le taux fixé par la loi du 30 janvier 1872. (Loi du 12 mars 1877, article unique; circulaire du 17, n° 1325.)

15. Le droit de quai est établi en France et en Algérie sur les navires de tout pavillon venant de l'étranger ou des Colonies et possessions françaises. (Circulaire du 4 février 1872, n° 1153.) Ce droit n'est pas dû, par conséquent, en Algérie, sur les navires arrivant de France. (Observations préliminaires du Tarif n° 521.)

16. Mais le droit de quai s'applique aux navires venant d'Algérie en France. — Arrêt de Cassation du 5 mars 1879, document n° 255, et circulaire du 8 avril 1889, n° 1974; Cassation, Chambres réunies, 22 juillet 1881 (Hugues, 1883-1887, p. 144).

17. En Algérie, où le droit de quai est appliqué d'après le tonneau de fret, tandis que les surtaxes résultant du décret du 17 juillet 1886[1] sont exigibles d'après le nombre de tonneaux de jauge, chacun de ces deux impôts est perçu séparément suivant l'unité qui lui est propre. (Circulaire du 20 juillet 1886, n° 1790, dernier paragraphe.)

18. Les navires expédiés *des ports français pour l'Algérie* qui font escale à l'étranger pour y prendre des passagers ne doivent le droit de quai, à l'arrivée dans les ports algériens, que d'après le nombre de passagers, chevaux ou voitures chargés au port d'escale. (Lettre commune du 27 octobre 1873, n° 130.)

19. Lorsque des navires *expédiés de l'étranger à* la double destination de l'Algérie et de la France ont été soumis au port d'escale à un droit de quai égal ou supérieur à celui qui serait dû à l'arrivée *directe* en France, ces navires sont considérés comme ayant effectué un seul voyage. Mais si le droit appliqué en Algérie, suivant les dispositions de la loi du 20 mars 1875, est inférieur à celui qui aurait été exigible en France, le complément est recouvré dans le port français de destination. (Lettre C du 15 avril 1875, n° 240.)

20. Le droit de quai doit être perçu sur les provenances de Tunisie. (Lettre de l'Administration du 14 septembre 1888.)

DROITS DE FRANCISATION, DE PERMIS ET DE CERTIFICATS.

21. Les navires français sont affranchis de ces droits en Algérie. (Ordonnance du 16 décembre 1843, art. 4, 1er alinéa, et art. 6, 2e alinéa; circulaire du 22 décembre, n° 2001.)

---

1. Surtaxes applicables aux navires italiens.

22. Les navires étrangers jouissent de la même exemption, en vertu de l'article 5 de la loi du 19 mai 1866, qui a aboli les taxes différentielles de navigation. (Voir circulaire du 19 août 1869, n° 1120.)

23. Les bâtiments de mer importés en Algérie pour être francisés sont passibles des mêmes droits d'entrée que s'ils étaient importés dans la Métropole. (Lois des 17 juillet 1867, art. 5, tableau C; circulaire du 23, n° 1067; 29 décembre 1884, art. 10, § 1er; circulaire du 30, n° 1699; 11 janvier 1892, art. 7; circulaire du 22, n° 2123.)

24. Les dispositions relatives aux yachts de plaisance sont applicables en Algérie. (Lettres de l'Administration des 28 janvier et 9 septembre 1864).

Pour les congés de navigation, voir le n° 5 du présent chapitre.

Avitaillement des navires.

25. Les vivres et provisions de toute sorte (y compris les tabacs) destinés aux navires qui font l'intercourse avec les Colonies peuvent être retirés des entrepôts en franchise de tous droits. (Circulaire du 7 mai 1863, n° 898.) Il suit de là que, pour leur ravitaillement, les navires expédiés de France en Algérie profitent de franchises qui sont refusées aux navires français faisant le cabotage de port français à port français. (Lettre de l'Administration du 24 janvier 1878.)

26. L'Administration n'aperçoit pas d'inconvénient à ce que les provisions de bord des bâtiments de la Compagnie transatlantique soient cédées au même titre, c'est-à-dire en exemption de droits, aux torpilleurs qui sont en station à Philippeville.

27. Quant aux provisions de bord cédées à des agents de la Compagnie ou à des fonctionnaires, et destinées à être consommées à terre, elles doivent donner lieu à des permis réguliers de consommation qui tiennent lieu de connaissements, et comportent la perception du droit de timbre. (Décision de l'Administration du 13 août 1892.)

28. Les provisions de bouche et de pêche destinées à être consommées ou employées à bord des bateaux corailleurs sont exemptes de tout droit; celles débarquées seraient soumises aux taxes ou placées sous le régime de l'entrepôt. (Arrêté de l'Intendant civil d'Alger du 31 mars 1832, art. 18, et décisions administratives des 14 octobre 1864 et 21 janvier 1865.)

Echouements et naufrages. — Balisage. — Pêche côtière. — Droits de péage. — Primes à la marine marchande. — Courtiers maritimes. (Voir le chapitre XXII.)

CHAPITRE XII.

STATISTIQUE COMMERCIALE.

1. Le mouvement commercial entre la France et l'Algérie est signalé comme si cette Colonie était une possession étrangère. (Décision de l'Admistration du 6 juin 1851.)

2. Les opérations qui ont lieu entre un port de l'Algérie où il existe un bureau et un port simplement occupé par un poste consisidéré comme annexe de ce bureau ne sont reprises sur aucun état statistique.

3. Pour la rédaction des états série E, n°s 45 *bis* et 45 *ter*, comme pour celle des états série E, n° 2 B, on doit présenter cumulativement sur un seul état les opérations effectuées entre les bureaux (*y compris leurs annexes*) et les autres ports de l'Algérie. (Lettre de l'Administration du 4 novembre 1885.)

4. Les bureaux maritimes de l'Algérie (*y compris leurs annexes*), indépendamment des états série E, n°s 45 *bis* et 45 *ter*, qu'ils fournissent pour les opérations d'entrée (*dans lesquelles sont compris, bien entendu, les navires et les marchandises venus des ports non occupés*), doivent adresser à l'Administration des états spéciaux pour les opérations de sortie effectuées à destination des ports non occupés (*par un bureau*). On se servira à cet effet des formules (45 *bis* et 45 *ter*) en usage pour l'entrée, en ayant soin de substituer à la main aux mots « port de *départ* » et « quantités *arrivées* », les mots « port de *destination* » et « quantités *expédiées*». (Lettre de l'Administration du 8 décembre 1875.)

5. La lettre commune du 18 février 1884 a réglé qu'il serait ouvert aux colis postaux un compte spécial sur la nomenclature d'exportation à la suite de l'article : *Objets de collection hors de commerce.*

6. Les colis postaux exportés de France pour l'Algérie seront, à leur arrivée en Algérie, repris distinctement sur les états d'importation des Douanes algériennes, comme ils l'ont été, à leur sortie de France, sur les états d'exportation de la Métropole.

7. Quant aux colis postaux qui arrivent de l'étranger en Algérie et à ceux qui sont exportés de l'Algérie, tant pour la France que pour l'étranger, ils devront, par analogie à ce qui a lieu à l'importation en France, faire l'objet de déclarations suffisamment détaillées pour que les marchandises qu'ils renferment puissent figurer dans les états de commerce sous les dénominations qui leur appartiennent. (Lettre de l'Administration du 23 août 1889.)

Droit de statistique.

8. Le droit de statistique établi par la loi du 22 janvier 1872, article 3, n'est pas perçu en Algérie. (Observations préliminaires du Tarif n° 284, § 5.)

9. Ce droit est dû en France sur les marchandises importées d'Algérie ou exportées à destination de cette Colonie. (Loi du 22 janvier 1872, art. 3.)

§ II.

CHAPITRE XIII.

OCTROI DE MER.

1. Il sera perçu aux portes de mer, dans les villes du littoral de l'Algérie, un droit d'octroi municipal sur les objets dénommés au Tarif, quels qu'en soient l'origne, la provenance, le pavillon importateur et la destination en Algérie. (Ordonnance du 21 décembre 1844, art. 1 et 2.)

2. Le droit d'octroi municipal sera également perçu aux frontières de terre sur les produits qui en sont passibles à l'importation par mer. (Décret du 11 août 1853, art. 10.)

3. A partir du 1ᵉʳ janvier 1891, et jusqu'au 31 décembre 1895 inclusivement, l'octroi municipal de mer de l'Algérie sera perçu conformément au Tarif annexé au présent décret et aux dispositions réglementaires résultant des décrets des 26 décembre 1884, 27 juin et 22 décembre 1887, mais sous les réserves formulées aux articles 2 et 3 du présent décret. (Décret du 23 décembre 1890, art. 1ᵉʳ.)

4. — TARIF.

DÉSIGNATION DES PRODUITS.	UNITÉ de PERCEPTION.	QUOTITÉ des DROITS.
		f. c.
Cafés	Les 100 kil.	30 »
Glucoses	—	10 »
Sucres bruts et vergeoises	—	13 »
Sucres raffinés	—	20 »
Chicorée moulue	—	5 »
Thé	—	25 »
Poivre	—	35 »
Marrons, châtaignes et leurs farines	—	5 »
Canelle et cassia lignea	—	45 »

DESIGNATION DES PRODUITS.	UNITÉ de PERCEPTION.	QUOTITÉ des DROITS.	
		FR.	C.
Muscade, macis et vanille............................	Les 100 kil.	100	»
Clous et griffes de girofle............................	—	40	»
Huiles minérales......................................	—	5	»
Alcools (a) — Alcool pur contenu dans les eaux-de-vie et esprits en cercles, eaux-de-vie et esprits en bouteilles, liqueurs et fruits à l'eau-de-vie......			
Alcool pur contenu dans les vins de composition, les vins de raisins secs, les vins étendus d'eau et remontés après coup par le vinage, les vins de marcs, les vins mutés à l'alcool....................			
Alcool pur excédant 15° 9 contenu dans les vins naturels alcoolisés ou non alcoolisés.	l'hectolitre.	50	»
Alcool pur contenu dans les eaux distillées alcooliques, les parfumeries alcooliques, les vernis à l'alcool et tous autres produits retenant de l'alcool à l'état de mélange......................................			
Alcool employé à la préparation des médicaments, produits chimiques et autres produits obtenus au moyen de la dénaturation de l'alcool (droit à percevoir suivant les proportions fixées par le Tarif des Douanes)...........................			
Bière...	—	5	»

(a) Voir chapitre XIV, n° 28 et 39, pour la taxe d'État qui s'ajoute au droit d'octroi de mer.

5. Toute personne qui récolte, ou prépare, ou fabrique, dans l'intérieur du territoire soumis aux droits d'octroi de mer, des objets compris au Tarif, est tenue d'en faire la déclaration, et si elle ne réclame la faculté d'entrepôt, d'acquitter immédiatement le droit. (Décret du 26 décembre 1884, art. 24.)

1. Réglementation intérieure (*Service de l'Administration des contributions diverses*) :

6. Le droit d'assimilation, pour ce qui concerne le Tarif d'octroi de mer, n'est écrit nulle part dans l'ordonnance de 1844, et l'on ne peut rien induire de ce qui se pratique à cet égard pour le Tarif des Douanes, parce qu'ici la loi a prononcé, et parce qu'en outre ce dernier Tarif atteint ou doit atteindre toutes les marchandises en général venant de l'étranger, tandis que le Tarif d'octroi n'est réellement obligatoire que pour un petit nombre d'objets spécialement et nommément désignés. Tout ce que l'on pourrait concéder, à la rigueur, c'est que les assimilations prononcées par le Tarif des Douanes peuvent être rendues applicables en matière d'octroi quand l'objet, par sa nature, rentre dans une des classes soumises à cet impôt. (Lettre de l'Administration du 2 mai 1857.)

7. Les employés des Douanes font, pour le compte du service local, la perception du droit d'octroi municipal. (Ordonnance du 21 décembre 1844, art. 5, et décret du 27 juin 1887, art. 1ᵉʳ.)

Exercice, perception, contentieux, préposés de l'octroi : voir les articles 2, 8, 9, 11, 14, 19, 20, 21, 23, 25 à 40, 46, du décret du 27 juin 1887.

Producteurs d'alcools autres que bouilleurs de cru et distillateurs ambulants : voir l'article 3, les § 1 à 3 de l'article 4; l'article 18 du décret du 27 juin 1887; les articles 1 et 2 de l'arrêté du Gouverneur général du 27 janvier 1888; l'article 3 du décret du 19 septembre 1892.

Bouilleurs de cru et distillateurs ambulants : voir les § 5° et 6° de l'article 3; le § 4 de l'article 4; l'article 9 du décret du 27 juin 1887; les articles 1 et 2 du décret du 22 décembre 1887; les articles 1 et 2 de l'arrêté du Gouverneur général du 27 janvier 1888; l'article 2 du décret du 19 septembre 1892.

Spiritueux non rectifiés dirigés sur des établissements de rectification : voir l'article 5 du décret du 27 juin 1887.

Brasseries : voir les articles 10 à 16 et 18 du décret du 27 juin 1887; l'article 3 du décret du 23 décembre 1890.

Appareils distillatoires : voir les articles 6 à 8 du décret du 27 juin 1887.

Entrepôt à domicile : voir l'article 2 du décret du 26 décembre 1884; les articles 17 à 24 du décret du 27 juin 1887; l'article 2 du décret du 22 décembre 1887; les articles 5 et 6 de l'arrêté du Gouverneur général du 23 janvier 1888.

Répartition du produit de l'octroi : voir les articles 42 à 44 et 48 du décret du 27 juin 1887; l'article 4 du décret du 22 décembre 1887; l'article 4 du décret du 23 décembre 1890.

8. Le prélèvement effectué au profit du Trésor sur le produit brut de l'octroi de mer, à titre de frais de perception et de paiement, est de 5 0/0. (Décrets du 18 juillet 1864, art. 1ᵉʳ, § 2, et du 27 juin 1887, art. 1ᵉʳ, § 2.) — Voir chapitre II, nº 23.

9. Les dispositions législatives et réglementaires relatives aux Douanes sont applicables au droit d'octroi municipal, en tout ce qui concerne les déclarations, la mise en entrepôt, le contentieux, la liquidation des droits et le cabotage. (Ordonnance du 21 décembre 1844, art. 6.)

10. Le bénéfice de la tare, soit réelle, soit légale, suivant le cas, reste acquis aux marchandises passibles du droit d'octroi, quelles que soient la provenance et la quotité des droits. (Décision ministérielle du 18 juillet 1868).

11. Le droit d'octroi de mer ne doit pas être perçu sur les objets d'avitaillement d'origine française destinés aux navires qui font le cabotage, lorsque les dits objets sont transbordés directement sans avoir été mis à terre. (Décision ministérielle du 17 juin 1851.)

12. Les marchandises nationales passibles de l'octroi de mer peuvent être entreposées fictivement, avec faculté de réexportation, dans tous les ports où il existe un bureau de Douane. (Décision ministérielle du 7 février 1862, transmise le 14.)

13. Les mêmes marchandises, *à l'exception des boissons*, peuvent être placées dans les entrepôts réels de l'Algérie. (Décret du 6 novembre 1876, art. 1ᵉʳ; circulaire du 25, nº 1316.)

(Voir chapitre V, nºˢ 6 et 7, pour le retrait des facilités dont jouissaient les ports d'Alger et d'Oran en matière d'entrepôt fictif.)

Les alcools français ou nationalisés non-admissibles en entrepôt réel continueront à être reçus en entrepôt fictif. (Décision de l'Administration du 2 mai 1891.)

14. Les termes de l'article 6 de l'ordonnance du 21 décembre 1844 permettent d'exiger les mêmes garanties pour l'expédition des mar-chandises passibles seulement des droits d'octroi de mer que pour celles qui seraient assujetties à des droits de Douanes. En conséquence, les marchandises françaises passibles de l'octroi de mer réexpédiées sur la Métropole à défaut de livraison doivent faire l'objet d'un permis de transbordement sur lequel la Douane coloniale rappelle le passavant primitif. De même, il est délivré un permis de transbordement pour les marchandises passibles de l'octroi de mer qui, expédiées de la Métropole avec passavants ayant pour destination un port de l'Algérie, sont transbordées dans ce port à destination d'un autre port de la Colonie. Mais les transbordements dans les ports d'escale de la Colonie, avant l'arrivée à destination mentionnée sur le passavant et le manifeste, sont simplement constatés sur ces documents. (Décision de l'Administration du 30 mars 1889.)

15. Les marchandises soumises à l'octroi de mer peuvent être enlevées avant acquittement, aux mêmes conditions de garantie et de remise que les marchandises passibles de droits de Douane. (Loi de Finances du 26 février 1887, art. 5 ; circulaire du 28, n° 1823 [1].)

16. La loi du 15 février 1875 qui a fixé les conditions du crédit en matière de droits de Douanes est applicable, en Algérie, nonseulement aux taxes de Douanes, mais encore à celles relatives à l'octroi de mer.

Les taxes d'octroi de mer revenant aux communes, et dont la perception est confiée au service des Douanes, font l'objet de traites spéciales distinctes de celles qui sont établies pour les droits de Douanes.

17. Les traites d'octroi de mer comprennent, d'une part, le montant en principal des droits crédités sans fraction de franc, et, d'autre part, l'intérêt de retard avec les fractions de franc qu'il comporte. Le montant de ces traites, principal et intérêt, est porté

---

1. Cet article vise la faculté accordée aux Receveurs des Douanes d'autoriser l'enlèvement des marchandises au fur et à mesure des vérifications, avant liquidation et acquittement des droits, moyennant soumission cautionnée, et sous l'obligation, pour les redevables, de payer une remise de un franc pour mille du montant des droits liquidés, remise attribuée pour moitié au Trésor, et pour l'autre moitié au comptable. (*Circulaire n° 1823.*)

cumulativement en recette dans les écritures des Receveurs principaux sous le même titre que les recouvrements en numéraire, c'est-à-dire aux *recouvrements pour des tiers (octroi de mer)*.

18. Tous les quinze jours, le 1ᵉʳ et le 16 de chaque mois, les Receveurs principaux transmettent directement au Caissier central du Trésor, par paquets chargés, les traites reçues dans leur principalité en paiement des taxes d'octroi de mer. Ces traites, qui font l'objet d'un envoi distinct de celui des traites de Douanes, sont accompagnées d'un bordereau détaillé en double expédition conforme à celui qui est annexé à la circulaire du 19 avril 1882, n° 719.

19. Deux fois par mois (Décision du 12 juin 1888), le Caissier central du Trésor délivre récépissé de ces envois aux Receveurs principaux des Douanes qui en ont passé écriture, lors de la transmission, aux dépenses de mouvements de fonds sous le titre de : *Envois au Caissier du Trésor de traites relatives à l'octroi de mer*.

20. Le mouvement de ces traites est indiqué par les comptables au cadre n° 2, p. 6, de leurs bordereaux mensuels.

21. Le Caissier du Trésor fait opérer le recouvrement des traites d'octroi de mer suivant la marche usitée pour celles des Douanes, sauf, toutefois, qu'en cas de non-paiement, les traites protestées seront renvoyées par les Trésoriers-payeurs à la Caisse centrale, et par celle-ci au Receveurs principaux du lieu d'origine.

22. Dans le délai d'un mois, au plus tard, après la dernière échéance des traites portées sur un même bordereau, le Caissier du Trésor renvoie aux Receveur des Douanes l'une des deux expéditions du bordereau prescrit au n° 18 ci-dessus ce bordereau ; est annoté des traites recouvrées et accompagné des traites impayées.

23. Le Receveur principal réintègre ces dernières traites dans son portefeuille au compte *Traites d'octroi de mer en souffrance*, pour leur montant en capital, intérêts et frais, et il s'en charge en recette à un compte de recouvrement de fonds intitulé *Fonds reçus du Caissier du Trésor pour traites d'octroi de mer non payées*. Il en délivre à ce titre un récépissé au Caissier du Trésor.

24. En ce qui concerne les traites *recouvrées*, les Receveurs principaux des Douanes en versent le montant des deniers de leur caisse aux Receveurs des contributions diverses pour le compte des communes intéressées. (Voir les nᵒˢ 40 à 43 du présent chapitre.)

25. Le Receveur principal constate cette opération en dépense en compte *Versement pour recouvrements sur des tiers (octroi de mer)*, et la dépense est justifiée par la quittance du Receveur des contributions diverses.

26. Il est, d'ailleurs, bien entendu que les comptables ne doivent comprendre dans leurs versements que le montant des traites dont la réalisation sera constatée par l'état annoté, comme il est dit au nᵒ 22.

Quant aux traites impayées, le Receveur principal fera les diligences nécessaires, soit pour en obtenir le paiement, soit pour justifier de leur irrécouvrabilité. En cas de recouvrement, il procédera comme il est indiqué au nᵒ 24.

Dans le cas contraire, et après avoir obtenu la décharge de sa responsabilité, suivant les formes réglementaires, le Receveur principal des Douanes retirera de son portefeuille la traite en souffrance admise en non-valeur, et il en fera dépense au compte *Versements sur recouvrements pour des tiers (octroi de mer)*, pour son montant en principal, augmenté des frais de protêt et de tous autres frais qui auront pu être faits dans l'intérêt du recouvrement. Cette dépense sera justifiée par la décision ministérielle qui aura prononcé l'admission en non-valeur.

27. Les frais de protêt et autres faits à l'égard des traites non-payées seront prélevés sur le montant brut des traites recouvrées, et, par suite, les versements à faire aux Receveurs des contributions diverses, en exécution du nᵒ 24 ci-dessus, ne seront que du montant *net* des produits recouvrés.

28. Les traites admises en non-valeur seront portées au sommier des surséances, pour le cas où les redevables seraient ultérieurement en mesure de les acquitter. (Lettre de la comptabilité publique du 20 décembre 1875.)

29. Les droits de Douane et d'octroi sont inscrits en recette sur un même registre (série **L**, n° 6). Le volant de ce registre porte le timbre administratif de Douane. Le prix de ce timbre (0 fr. 05 c. ou 0 fr. 25 c., selon le cas) est exigible toutes les fois que la quittance comprend un droit de Douane. Lorsque la perception porte sur les deux taxes, Douane et octroi, la somme afférente à chacune doit être distinctement spécifiée dans le libellé de la quittance, puis reproduite en chiffres dans les colonnes ménagées à cet effet. Les droits de Douane entraînent le paiement du timbre qui leur est spécial (0 fr. 05 c. ou 0 fr. 25 c.). Quant aux droits d'octroi de mer, ils ne donnent ouverture au timbre que lorsque le montant en est supérieur à 10 francs; dans ce cas, comme il s'agit d'une taxe recouvrée au profit des communes, c'est le timbre mobile de l'Enregistrement de 0 fr. 25 c. qu'on doit apposer. Enfin, lorsque le recouvrement consiste seulement en droits d'octroi de mer, le timbre de Douane doit être annulé, et l'application du timbre relatif aux droits d'octroi a lieu d'après la règle ci-dessus rappelée. (Lettre de l'Administration du 19 février 1885.)

30. Aucun appareil ou partie d'appareil distillatoire ne peut être détenu, même par les constructeurs ou marchands de ces appareils, qu'après une déclaration au service des contributions diverses et la délivrance d'une licence relatant la spécification de l'appareil et sa capacité. Les appareils et leurs diverses parties sont poinçonnés, par les soins de l'Administration, d'un numéro d'ordre qui est mentionné sur la licence.

31. Le service des Douanes ne peut livrer aux destinataires les appareils et parties d'appareils venant de l'extérieur qu'après l'accomplissement des formalités prescrites au paragraphe précédent.

32. Les licences sont annuelles; leur délivrance ne donne lieu à d'autre perception que le prix du timbre. (Décret du 27 juin 1887, art. 6.)

33. Sont rendus exécutoires en Algérie les articles 9, 11, 12, 13 et 14 du décret du 12 février 1870, et le décret du 8 décembre 1882.

34. Toutefois, les mélasses et glucoses employées dans les distilleries ne comportent pas d'abonnement. Elles peuvent être enlevées en Douane, en crédit des droits d'octroi de mer, moyennant l'engagement de les placer en entrepôt industriel, sous la main du service des contributions diverses, dans un délai fixé en raison de la durée des transports, le tout à peine de paiement d'un droit d'octroi en sus[1].

35. Les alcools et bières fabriqués à l'intérieur de l'Algérie et destinés soit à l'exportation, soit aux magasins de la guerre ou de la marine, peuvent être enlevés des distilleries et brasseries moyennant la soumission dûment cautionnée de les placer, dans un délai réglé suivant la durée du transport, sous la main de la Douane ou dans les magasins de l'État, à peine de paiement d'un droit en sus. Les acquits-à-caution sont déchargés sur le vu des certificats administratifs constatant l'accomplissement de l'engagement souscrit. (Décret du 27 juin 1887, art. 18.)

36. Toutefois, les alcools produits par les bouilleurs de cru et destinés à l'exportation peuvent séjourner dans les magasins des négociants et commissionnaires admis à la faculté d'entrepôt par des arrêtés préfectoraux spéciaux; les dits magasins sont soumis au régime déterminé par le chapitre IV du règlement de l'octroi de mer (Décret du 27 juin 1887); les transports de spiritueux des lieux de production à ces magasins et de ces magasins à la Douane ont lieu sous le lien de l'acquit-à-caution. (Décret du 22 décembre 1887, art. 2.)

37. Les producteurs et les négociants ou commissionnaires ne

---

1. Cette disposition ne modifie en rien le régime douanier de ces marchandises; par suite, les glucoses doivent acquitter le droit de Douane, soit en numéraire, soit en traites, avant l'enlèvement, qu'elles soient ou non destinées à la distillerie. Quant aux mélasses, elles ne peuvent, en Algérie, jouir du régime de faveur (n° 92 du tableau A annexé à la loi du 11 janvier 1892) que si elles sont expédiées sur un des établissements soumis *d'une manière complète* à la surveillance des préposés des contributions diverses. (Circulaire du 5 juillet 1887, n° 1850.)

pourront obtenir la faculté d'entrepôt que pour une quantité d'alcool supérieure à 5 hectolitres. (Arrêté du Gouverneur général du 23 janvier 1888, art. 5.)

38. Les acquits-à-caution dont la délivrance est prévue à l'article 2 du décret du 22 décembre 1887 seront établis au bureau de recette des contributions diverses dans la circonscription duquel se trouvera situé le domicile de l'expéditeur. (Même arrêté, art. 6.)

39. Les droits sur les bières et alcools introduits dans les magasins de la guerre et de la marine sont dus et acquittés au fur et à mesure de leur mise en consommation sur le territoire de l'Algérie. (Décret du 27 juin 1887, art. 18.)

40. Les produits bruts de l'octroi de mer sont versés par les services des Douanes et des contributions diverses aux fonds de cotisations municipales; les frais de perception sont imputés sur ces fonds et acquittés sur mandats des Préfets. (Même décret, art. 41.)

41. Le versement a lieu chaque mois au Receveur des contributions diverses du chef-lieu, qui impute immédiatement ce produit au compte des cotisations municipales. Par suite, les frais de perception (5 0/0), au lieu d'être directement prélevés par le service des Douanes, sont remis à ce service par les Receveurs des contributions diverses sur mandat préfectoral acquitté pour ordre par le Receveur principal et appuyé de la quittance à souche de ce comptable. (Lettre de la comptabilité publique du 20 juillet 1888.)

42. En ce qui concerne les droits d'octroi de mer, payables en traites, les Receveurs des Douanes ne versent aux Receveurs des contributions diverses que les sommes réellement recouvrées, c'est-à-dire le *total* des droits perçus *diminué* du montant des droits réglés en traites et *augmenté* des traites échues et payées pendant le mois.

43. En outre, et pour assurer l'application exacte des dispositions de l'article 41 du décret du 27 juin 1887, les remboursements et restitutions seront effectués par le service des contributions diverses sur mandat du Préfet accompagné de la quittance de droits et d'un

certificat rectificatif délivré par les agents des Douanes et visé par
par l'Inspecteur. (Lettre de la comptabilité publique du 20 juillet 1888.)

<h2 style="text-align:center">Vinage des vins algériens
pour l'exportation à destination de l'étranger
et des colonies françaises.</h2>

44. Les producteurs de vins en Algérie sont autorisés, aux conditions ci-après déterminées, à viner en franchise des droits sur les
alcools employés à cette opération, et sans limite de degré, les vins
destinés à être exportés à l'étranger ou dans les Colonies françaises.
(Arrêté du Gouverneur général du 6 décembre 1888, art. 1ᵉʳ.)

45. L'opération du vinage des vins devant recevoir cette destination ne pourra avoir lieu que dans un des ports d'embarquement de
l'Algérie pourvu d'un bureau de Douane. Elle se fera à quai, dans
l'emplacement affecté à cet usage, en présence du producteur intéressé ou de son représentant et des employés de l'octroi.

46. Les vins vinés dans ces conditions seront, sur-le-champ,
placés sous la main de la Douane, et devront être embarqués à destination de l'étranger ou des colonies dans les vingt-quatre heures qui
suivront l'opération du vinage. (Même arrêté, art. 2.)

47. Les alcools et les vins destinés à être mélangés devront être
représentés séparément aux agents de l'Octroi. La décharge des
droits sur les alcools ainsi employés sera accordée au producteur
sur la présentation des justifications ci-après :

1° Certificat des agents de l'octroi qui ont assisté au vinage,
constatant :

    1° La quantité d'alcool ajoutée aux vins;
    2° La force alcoolique du vin après l'addition d'alcool;
    3° La quantité totale du liquide obtenue après l'opération du
        vinage.

2° Certificat des agents de la Douane attestant d'abord la remise
qui leur a été faite immédiatement après le vinage des vins ainsi
vinés; ensuite, l'embarquement de ces mêmes vins à destination de

l'étranger ou des Colonies françaises. A défaut de la production de ces justifications, le déclarant sera tenu de payer sur-le-champ les droits sur les alcools employés au vinage. (Même arrêté, art. 3.)

48. Les dispositions du présent arrêté ne sont, en aucun cas, applicables aux vins artificiels, aux vins de provenance étrangère constatée et aux vins algériens renfermant une proportion d'extrait sec inférieure à 18 grammes par litre. (Même arrêté, art. 4.)

Vinage des vins algériens pour l'exportation à destination de la Métropole.

49. A partir du 1er juillet 1890, la franchise des droits d'octroi ne sera plus accordée, pour les alcools employés au vinage des vins, que dans les conditions ci-après :

50. Le vinage ne pourra être opéré que dans un des ports pourvus d'un bureau de Douane. Provisoirement, les ports d'Alger, d'Oran, de Philippeville, Bône et Mostaganem, sont seuls ouverts à ces opérations[1].

51. Le vinage se fera à quai, sous le contrôle de la Douane. Il ne pourra être opéré que sur des vins naturels d'Algérie déclarés tels par le producteur lui-même et reconnus tels par le service de la Douane.

52. Le vinage ne pourra, en aucun cas, être autorisé pour les vins artificiels, les vins de provenance étrangère, ni pour les vins algériens ne renfermant pas 18 grammes d'extrait sec par litre.

53. Les alcols et les vins destinés à être mélangés devront être présentés séparément aux agents du service des Douanes. La décharge des droits sur les alcools ainsi employés sera accordée au producteur, de la manière indiquée par l'arrêté du 6 décembre 1888. (Arrêté du 7 juin 1890, art. 1er.)

---

1. Ont été ajoutés à cette nomenclature : les ports d'Arzew et de Bougie. (Arrêté du Gouverneur général du 10 juillet 1890.)

54. En aucun cas, il no pourra être ajouté au vin présenté plus de 3 degrés d'alcool, et le mélange obtenu ne pourra atteindre, au maximum, que 12 degrés 9 de richesse alcoolique. (Même arrêté, art. 2.)

55. Les vins vinés dans ces conditions seront placés sous la main de la Douane et devront être embarqués pour la France dans les quarante-huit heures qui suivront l'opération. Les expéditions de cabotage indiqueront les quantités d'alcool ajoutées aux vins. (Voir chapitre XIV, n°s 19 à 22.)

56. Dans le cas où l'embarquement ne serait pas opéré dans le délai ci-dessus fixé, le propriétaire des vins sera tenu au paiement immédiat des droits d'octroi au service de la Douane. (Même arrêté, art. 3.)

57 Les arrêtés des 23 janvier et 16 avril 1888 sont abrogés dans tout ce qu'ils ont de contraire aux présentes dispositions. (Même arrêté, art. 4.)

58. Dans chacun des ports désignés, un emplacement clos et placé sous la garde des employés des Douanes sera affecté aux dépôts de vins et d'alcools que les intéressés pourront avoir à laisser en entrepôt. (Arrêté du 23 janvier 1888, art. 2.)

Sucrage des vendanges.

59. La faculté de sucrage en franchise de la taxe d'octroi de mer est accordée aux viticulteurs, propriéaires, métayers ou fermiers qui désirent relever le degré alcoolique de la totalité ou d'une partie du vin de leur récolte, ou utiliser les marcs de leur vendange, en faisant des vins de seconde cuvée. Le sucrage n'est autorisé que pour les vendanges proprement dites, c'est-à-dire pour les raisins *frais* ou marcs de raisins *frais*. (Arrêté du Gouverneur général de l'Algérie du 20 août 1889, art. 1er [1].)

---

1. Réglementation intérieure (*Service des contributions diverses*). Voir art. 2 à 9 de l'arrêté.

60. Cette faculté s'étend aux sucres bruts et vergeoises et aux sucres raffinés, à l'exclusion des glucoses et autres produits saccharins. (Lettre du Gouverneur général de l'Algérie du 5 octobre 1889, transmise au service le 21.)

61. Jusqu'à nouvel ordre, les autorisations ne sont accordées que dans les *dépôts spéciaux* dont l'emplacement sera désigné par l'Administration. Toutefois, si le nombre restreint des demandes le permet, les sucrages pourront être également autorisés au domicile des producteurs.

62. La dénaturation est obligatoire dans les dépôts lorsque la quantité de sucre à dénaturer est inférieure à 200 kilogrammes. (Arrêté du 20 août 1889, art. 3.)

63. Les opération de dénaturation ont lieu sous la surveillance du service des contributions diverses. (Même arrêté, art. 5.)

64. Les sucres destinés à la dénaturation seront expédiés directement des fabriques, des entrepôts réels ou de la Douane d'importation, sous le lien de l'acquit-à-caution. Ces sucres devront parvenir dans les dépôts spéciaux en caisses ou en sacs d'un poids net et uniforme de 25, 50, 100, 200 et 300 kilogrammes, etc., et sous plombs. (Même arrêté, art. 7.)

65. Après la vérification, les colis, conditionnés comme il est dit ci-dessus, seront ficelés et plombés. Les frais de plombage seront de 3 centimes par colis, conformément à ce qui a été réglé pour les sucres indigènes par l'arrêté du Ministre des Finances du 15 novembre 1879, rendu par application de l'article 20 de la loi du 31 mai 1846. Les acquits-à-caution constateront à la fois *le paiement du droit de Douane* et l'engagement d'employer les sucres à l'opération du sucrage. Ils mentionneront les poids, numéros et marques de chaque colis. On emploiera, comme on le fait pour les mélasses expédiées sur les distilleries, la formule d'acquit-à-caution série **M**, 46 B. Le délai pour le transport des sucres chez les destinataires sera calculé conformément à la circulaire 1555 (ancienne série); mais, pour le rapport des acquits-à-caution revêtus des certificats d'emploi, il sera accordé un délai de quarante jours à partir de la clôture des opérations de sucrage. (Circulaire autographiée du 21 octobre 1889.)

66. Les sucres, en cas de non-dénaturation, ne pourront séjourner dans les dépôts que pendant un délai de trois mois (du 20 août au 20 novembre). A l'expiration de ce délai, le récoltant pourra librement disposer des quantités de sucres non-dénaturés, en acquittant les droits ou en réintégrant ces mêmes produits au lieu d'origine, accompagnés de l'acquit-à-caution. (Arrêté du 20 août 1889, art. 7.)

67. Les droits d'octroi sur les sucres qui n'auront pas été dénaturés ou réintégrés au lieu d'origine, que ces droits soient exigibles avant ou après l'expiration du délai de trois mois accordé par l'article 7 précité, sont perçus par le Receveur des contributions diverses de la circonscription; mais cette perception est opérée pour le compte de la Douane, à qui les fonds devront être transférés par virement de fonds. Les Receveurs des contributions diverses doivent porter très-exactement sur les bordereaux de virement les indications (numéro et date de l'acquit-à-caution, nom de la partie versante, etc.) qui sont nécessaires au comptable des Douanes pour la prise en recette définitive de la somme transférée. Ces virements seront, bien entendu, émis sur la caisse de celui des Receveurs principaux de cette Administration de qui émanera l'acquit-à-caution. (Lettre du Gouverneur général du 5 octobre 1889.)

68. Quant aux sucres réexpédiés sur la Douane d'importation ou sur l'entrepôt, ils acquitteront, dans le premier cas, dès leur arrivée, le droit d'octroi; dans le second cas, ils seront pris en charge pour ce droit, et ils auront à l'acquitter ultérieurement à leur entrée dans la consommation. Le numéro et la date de la recette devront toujours être soigneusement mentionnés sur la souche de l'acquit-à-caution.

69. Le renvoi des acquits-à-caution régularisés sera fait par les Directeurs des contributions diverses au Directeur des Douanes de la Colonies.

70. En cas de non-rapport dans le délai fixé, avec décharge valable, des acquits-à-caution délivrés par le service des Douanes pour le transport sur les dépôts, les soumissionnaires seraient tenus d'acquitter sur la quantité de sucres énoncée aux acquits-à-caution la taxe primitive de 15 francs ou de 20 francs par 100 kilogrammes, selon la nature du sucre. (Circulaire autographiée du 21 octobre 1889.)

CHAPITRE XIV.

TAXES INTÉRIEURES.

Nota. — A l'exception des droits de garantie (voir les n°s 1 à 13 ci-après), les taxes intérieures établies en France ne sont pas perçues en Algérie.

L'alcool est frappé, dans la Colonie, d'une taxe de consommation spéciale au profit du Trésor (voir les n°s 28 à 30 du présent chapitre).

Pour le régime des allumettes chimiques et des cartes à jouer, à l'importation, voir les n°s 10 et 11 du chapitre IV.

1. Un décret du 24 juillet 1857 a établi en Algérie les droits de garantie sur les matières d'or et d'argent, et rendu applicables à la Colonie les lois et règlements en vigueur dans la Métropole.

2. Aux termes de l'article 3 de ce décret, les ouvrages d'or et d'argent expédiés de France en Algérie doivent être, sans exception, revêtus de l'empreinte des poinçons français de titre et de garantie, et ne peuvent, en aucun cas, être admis au bénéfice de la restitution du droit.

3. Par suite de cette disposition, les transports pour l'Algérie des objets de l'espèce sont affranchis, en ce qui concerne le service des contributions indirectes, de toute formalité autre que celle du paiement préalable des droits, et les fabricants, marchands et commissionnaires, n'ont plus à faire aux bureaux de garantie de déclarations d'exportation à destination de l'Algérie. (Circulaire du 1er septembre 1857, n° 488.)

4. La loi du 30 mars 1872, relative à l'élévation des droits de garantie des matières d'or et d'argent, est rendue exécutoire en Algérie. (Décret du 11 juin 1872, art. 1er.)

5. La loi du 30 décembre 1873 portant établissement de taxes additionnelles, est également exécutoire en Algérie en ce qui concerne les droits de garantie. (Décret du 11 septembre 1874.)

6. Le décret du 27 juillet 1878, établissant une nouvelle réglementation des exportations d'ouvrages d'or et d'argent, a été promulgué en Algérie par insertion au *Bulletin officiel* du Gouvernement général de l'Algérie, n° 747, année 1879.

7. Le décret du 24 décembre 1887, créant un poinçon spécial de retour, a été notifié au service des contributions diverses par circulaire du Gouverneur général du 8 mars 1888.

8. Des bureaux de garantie sont ouverts à Alger, Oran, Constantine (Circulaire du 21 décembre 1858, n° 563), Bône, Sétif, Batna (Décret du 9 octobre 1865 ; circulaire du 2 juin 1866, n° 1029), Tlemcen, Mostaganem (Décret du 28 janvier 1875).

(Le bureau de garantie de Philippeville, créé par décret du 9 octobre 1865, a été supprimé par décision du Gouverneur général du 13 novembre 1888.)

9. Les ouvrages d'or et d'argent expédiés d'Algérie en France sont soumis aux mêmes formalités que s'ils étaient importés de l'étranger. Mais quand ceux revêtus du poinçon légal en usage dans la Métropole ou dans la Colonie arrivent de l'Algérie accompagnés d'un certificat des bureaux de garantie et sous le plombage intact de la Douane de départ, on les affranchit en France de la présentation à un bureau de garantie. (Décision du 26 juillet 1860.)

10. La réserve de retour n'est pas obligatoire à l'égard des expéditions pour l'Algérie, d'où les ouvrages d'or et d'argent peuvent rentrer en France en exemption de tous droits lorsque l'exportation à destination de cette Colonie est authentiquement justifiée et que le bureau de garantie a reconnu et certifié qu'ils sont revêtus du poinçon légal en usage. (Décision du 8 mai 1858.)

11. Un décret du 29 mars 1889, inséré au *Journal officiel* du 31 du même mois, porte que les bijoux et objets précieux pourront être échangés par la voie de la poste entre la France (*y compris l'Algérie*) et les Colonies ou établissements français desservis par des paquebots-poste français, ainsi que de colonie à colonie, par l'intermédiaire de services métropolitains.

12. Aux termes de l'article 12 de ce décret, « les droits de garantie et de Douane exigibles à l'importation en France et en Algérie, et, le cas échéant, les droits de garantie à restituer à l'exportation de France et d'Algérie, seront perçus ou remboursés conformément à la législation sur la matière ».

13. Les boîtes à destination de la France et de l'Algérie sont centralisées, suivant l'origine, aux bureaux de poste de Marseille, Bordeaux, Nantes ou Paris. D'où il résulte que les opérations de Douane et de Régie afférentes aux envois à destination de l'Algérie, au lieu d'être effectuées dans un port algérien, sont accomplies en France, où tous les paquebots-poste affectés à ces envois ont leur port d'attache et débarquent leurs correspondances. (Lettre de l'Administration du 20 avril 1889.)

14. Les sels d'Algérie, avant d'être livrés à la consommation en France, sont passibles de la taxe de consommation, sans déduction d'une remise à titre de déchet. (Loi du 28 décembre 1848, art. 5 ; circulaires du 31 décembre, n°s 2294 et 2295.)

15. Ces sels sont assimilés aux sels français pour toutes les destinations que ceux-ci peuvent recevoir. (Circulaire du 31 décembre 1848, n° 2294, p. 2, § 3.)

16. Les expéditions de sel d'Algérie en France se font par passavants de cabotage. (Lettre de l'Administration du 18 mars 1884.)

17. Les piquettes alcoolisées et autres mélanges alcooliques expédiés d'Algérie en France doivent être inscrits dans les passavants de cabotage sous la dénomination admise par le Tarif, c'est-à-dire comme *alcools autres*. A l'arrivée, la Douane ne doit donner main-levée que sur la production d'expéditions de régie constatant que les taxes intérieures de l'alcool ont été acquittées ou garanties. (Décisions de l'Administration des 27 février 1884 et 4 mars 1885.)

18. Toutes les fois que l'on tente de faire accepter comme vins, à l'expédition d'Algérie en France, des mélanges alcooliques, les

Douanes algériennes doivent rédiger procès-verbal pour infraction aux règles du cabotage (fausse déclaration, dans l'espèce, de marchandises déclarées pour le cabotage ; art. 75 de la loi du 8 floréal an XI). (Lettre de l'Administration du 4 mars 1885.)

19. Les dispositions de la circulaire du 5 mars 1888, n° 1908, sur les vins de vendange suralcoolisés, doivent être appliquées aux vins d'Algérie à leur importation en France. Toutefois, lorsque les vins auront été vinés à quai sous les yeux du service des Douanes et n'auront pas cessé d'être sous la surveillance des agents jusqu'au moment de la mise à bord du navire transporteur, la Douane, connaissant exactement la quantité d'alcool qui aura été versée, indiquera cette quantité sur les expéditions de cabotage, et le produit, à l'arrivée, sera admis au régime du vin sous la réserve du paiement de la taxe de consommation applicable en France à l'alcool employé au vinage (156 fr. 25 c. par hectolitre d'alcool pur).

20. Pour éviter des complications dans les écritures du service de la Régie, la taxe à percevoir du chef de l'alcool employé au vinage sera recouvrée par la Douane du lieu où la marchandise sera déclarée pour la consommation, et le vin viné sera mis à la circulation comme vin, sans que les agents des contributions indirectes aient à tenir compte de l'alcool ajouté. Les sommes ainsi encaissées seront prises en recette, pour le compte de la Régie, dans les écritures des comptables, au chapitre des *Recouvrements pour des tiers*, ainsi que cela a lieu actuellement pour les bougies, les chandelles à mèche tissée, etc.

21. Les vins arrivant d'Algérie avec des passavants de cabotage n'indiquant pas la quantité d'alcool ajoutée devront être vérifiés très-attentivement. Dans le cas où la vérification ferait reconnaître qu'il s'agit de vins vinés, ils seraient considérés comme « alcools ». Ils resteraient admissibles en franchise de droits de Douanes comme produits algériens, mais ils devraient acquitter les taxes intérieures afférentes aux alcools pour toute leur force alcoolique.

22. La perception de ces taxes serait faite, comme pour les vins étrangers suralcoolisés, par le service des contributions indirectes. (Décision ministérielle du 9 avril 1888, transmise le 11.)

23. Dans la pratique, ni les Douanes algériennes, ni celles de la Métropole ne recherchent si les vins de raisins frais de la Colonie, déclarés dans les expéditions de cabotage comme vins naturels, ont reçu un léger avinage pour assurer leur conservation pendant le transport. (Lettre du 12 mai 1888 du Ministre des Finances au Gouverneur général de l'Algérie.)

24. Les vins d'Algérie mutés à l'alcool doivent acquitter en France les taxes intérieures de l'alcool. C'est sous la dénomination d'*alcools* (*vins mutés*) qu'ils doivent être désignés dans les expéditions de cabotage délivrées par le service de la Colonie. (Lettre de l'Administration du 25 octobre 1888.)

25. Il a été déclaré qu'en ce qui concerne les moûts concentrés marquant 21° Beaumé ou plus, non alcoolisés, originaires d'Algérie, il ne sera pas fait application du régime des sirops. Ils seront traités comme vins de liqueur. (Circulaire du 22 janvier 1892, n° 2123, p. 17.)

26. Les vins d'Algérie peuvent être expédiés en transit international des ports de débarquement ouverts aux opérations de l'espèce sur les Douanes où ces mêmes opérations sont autorisées. (Lettre de l'Administration du 18 décembre 1883.)

27. Pour les vins vinés destinés à l'Algérie, le service du port de départ doit incrire sur les expéditions délivrées la mention : *Vins ayant servi à la décharge d'un compte d'alcool.* (Décision ministérielle du 9 août 1887, notifiée par lettre de l'Administration du 23[1].)

28. Il est ajouté aux droits d'octroi de mer établis sur les alcools introduits ou fabriqués en Algérie (Voir chapitre XIII) une

---

1. De la combinaison des lois des 8 floréal an XI et 17 juillet 1867, li résulte que déclarer en Douane comme vins d'origine algérienne des vins amenés d'abord de France en Algérie pour être réimportés en France, constitue une fausse déclaration d'espèce contenant fraude à la loi sur le cabotage et tombant sous l'application des peines édictées en cette matière. — Tribunal civil d'Alger, 8 avril 1886 (Hugues et Lapra, 1883-1887, p. 111).

taxe de consommation de 30 francs par hectolitre d'alcool pur, qui sera perçue au profit du Trésor. (Loi de Finances du 26 janvier 1892, art. 32, insérée au *Journal officiel* du 27.)

29. En ce qui concerne les alcools importés, le droit dont il s'agit pourra être perçu pour le compte de l'Administration des contributions diverses par les Receveurs des Douanes de l'Algérie. S'il s'agissait d'alcools destinés à des entrepositaires, main-levée ne devrait en être donnée qu'après que le droit exigible en aurait été garanti. (Lettre de l'Administration du 30 janvier 1892.)

30. L'article 2 de la loi du 15 février 1875 indique les diverses catégories de produits pour lesquelles les redevables peuvent acquitter les droits au moyen d'obligations cautionnées et moyennant le paiement d'un intérêt de retard. Cette nomenclature étant limitative, et le droit de consommation de l'alcool n'y figurant pas, les droits de l'espèce doivent être acquittés au comptant. (Note de l'Administration du 12 décembre 1892.)

Licence.

31. Les viticulteurs algériens possédant en France des établissements pour la vente de leurs produits seront exonérés de la licence, au même titre que les récoltants métropolitains qui vendent en gros les vins de leur cru, soit sur place, soit même en dehors des lieux de production.

32. Pour assurer le bénéfice de cette immunité, des dispositions spéciales nécessitant le concours du service des Douanes ont été adoptées. Ces dispositions sont les suivantes :

1° Le service des contributions diverses en Algérie délivrera, chaque année, aux propriétaires qui en feront la demande, un certificat nominatif indiquant l'étendue du vignoble et l'importance approximative des quantités récoltées ; ce certificat, visé par le Directeur ou par l'agent chef du service de la circonscription, sera remis par les intéressés au service des contributions indirectes de France, dans le ressort duquel l'entrepôt de vente sera situé ;

2° Chaque envoi en France donnera lieu à la délivrance d'un

bulletin d'origine établi par le Maire de la commune du lieu de récolte[1];

3° La Douane du port d'embarquement apposera sur le bulletin d'origine la mention suivante :

« Certificat présenté par M..... à l'appui de sa déclaration de cabotage n°..... du..... pour..... fûts de vin marqués..... à destination du port de..... (port de débarquement en France). »

33. Ce certificat, dûment signé par le Receveur des Douanes, sera annexé au passavant de cabotage sous le cachet du bureau. Après vérification, la Douane métropolitaine visera ce même certificat et le remettra à la Compagnie de transport chargée de faire suivre la marchandise jusqu'à sa destination définitive.

34. Suivant ce qui a été entendu, l'immunité du droit de licence ne sera accordée qu'au profit des vins naturels, et elle sera refusée aux vins remontés d'alcool au-delà de la limite strictement nécessaire pour la conservation et le transport. (Décision ministérielle du 23 septembre 1889; lettre de l'Administration du 28 novembre suivant.)

---

1. Les Maires doivent inscrire en tête des bulletins la mention suivante : « Bulletin d'origine délivré par application de la décision ministérielle du 23 septembre 1889 ». (Décision du Gouverneur général du 16 mai 1890.)

CHAPITRE XV.

TABACS.

Nota. — *Le monopole n'existe pas en Algérie. La culture, la fabrication, la vente des tabacs, sont libres. Les tabacs importés de l'étranger acquittent les droits inscrits au tableau* **A** *de la loi du 17 juillet 1867.*

1. Les tabacs fabriqués de toute espèce vendus dans les débits ordinaires de la Métropole sont livrés en Algérie, par la Régie, à des prix spéciaux. (Décret du 27 mars 1880, art. 1 et 2; circulaire du 15 avril, n° 1436.)

2. Les tabacs de toute espèce sont vendus dans les débits en boîtes ou paquets fermés revêtus de vignettes de la Régie et de marques spéciales. (Même décret, art. 3, § 1ᵉʳ.)

3. Les jus de tabacs expédiés de France en Algérie sont accompagnés d'acquits-à-caution délivrés par l'Administration des tabacs. Ces acquits-à-caution sont déchargés par la Douane algérienne et sont retournés ensuite aux Directeurs des tabacs de la Métropole par leur Collègue des Douanes de la Colonie. (Lettre du Directeur des tabacs de Marseille du 26 juin 1890.)

4. Ces divers produits ne peuvent être introduits et consommés en France. Toute infraction à cette disposition est considérée comme une importation frauduleuse et punie comme telle. (Même décret, art. 3, § 2.)

5. Les tabacs étrangers en feuilles ou fabriqués admissibles en Algérie aux droits de 20 ou de 10 francs (taxes additionnelles en sus) ne peuvent être introduits et consommés en France. La même interdiction existe pour les produits similaires d'origine algérienne, lesquels ne peuvent être importés que pour le compte des manufactures de l'État. (Circulaire du 23 juillet 1867, n° 1067; loi du 21 décembre 1872 constitutive du monopole de l'Etat; loi du 7 mai 1881, p. 74, tableau **E**, § 5; circulaire du 8, n° 1492; loi du 11 janvier 1892, tableau **E**; circulaire du 22, n° 2123.)

6. Le tabac d'origine algérienne importé en Corse est soumis au même droit que le tabac étranger. (Observations préliminaires du Tarif n° 244, p. cxii, renvoi 2.)

7. Les débris de tabacs provenant des magasins de l'Etat établis en Algérie, et qui sont vendus par les soins de l'Administration des Domaines par voie d'adjudication publique, sont admis en franchise à l'importation en Corse, au même titre que les débris sortant des manufactures de la Métropole. (Décision ministérielle du 30 juin 1890, transmise le 7 juillet.)

CHAPITRE XVI.

ARMES, POUDRES ET MUNITIONS[1].

1. La loi du 24 mai 1834 sur les détenteurs d'armes ou de munitions de guerre, et la loi du 14 juillet 1860 sur la fabrication et le commerce des armes de guerre, remise en vigueur par la loi du 19 juin 1871, sont rendues exécutoires en Algérie. (Décret du 23 septembre 1872, art. 1er.)

2. La loi du 14 août 1885, qui a déclaré libre en France le commerce des armes et munitions non chargées n'est pas exécutoire en Algérie. (Circulaire du Gouverneur général du 13 février 1886. Hugues et Lapra, 1883-1887, p. 9.)

3. Tout individu qui aura fabriqué, débité ou distribué des armes prohibées par la loi ou par des réglements d'administration publique, sera puni d'un emprisonnement d'un mois à un an et d'une amende de 16 à 500 francs.

4. Celui qui sera porteur des dites armes sera puni d'un emprisonnement de six jours à six mois et d'une amende de 16 à 200 francs. (Loi du 24 mai 1834, art. 1er.)

5. Tout individu qui, sans y être légalement autorisé, aura fabriqué, débité ou distribué de la poudre, ou sera détenteur d'une quantité quelconque de poudre de guerre ou de plus de deux kilogrammes de toute autre poudre, sera puni d'un emprisonnement d'un mois à deux ans, sans préjudice des autres peines portées par les lois. (Même loi, art. 2.)

6. Tout individu qui, sans y être légalement autorisé, aura fabriqué ou confectionné, débité ou distribué des armes de guerre, des

---

1. Voir les circulaires nos 763 du 29 mai 1861, et 818 du 6 janvier 1862, ainsi que les notes explicatives nos 509 bis à 517 du Tarif de 1885.

cartouches et autres munitions de guerre, ou sera détenteur d'armes de guerre, cartouches ou munitions de guerre, ou d'un dépôt d'armes quelconques, sera puni d'un emprisonnement d'un mois à deux ans et d'une amende de 16 à 1,000 francs.

7. La présente disposition n'est point applicable aux professions d'armuriers et de fabricants d'armes de commerce, lesquelles resteront seulement assujetties aux lois et règlements particuliers qui les concernent. (Même loi, art. 3.)

8. Les infractions prévues par les articles précédents seront jugées par les tribunaux de police correctionnelle.

9. Les armes et munitions fabriquées, débitées, distribuées ou possédées sans autorisation, seront confisquées.

10. Les condamnés pourront, en outre, être placés sous la surveillance de la haute police pendant un temps qui ne pourra excéder deux ans.
En cas de récidive, les peines pourront être élevées jusqu'au double. (Même loi, art. 4.)

11. Toute personne peut se livrer à la fabrication ou au commerce des armes ou des pièces d'armes de guerre, en vertu d'une autorisation donnée par le Ministre de la Guerre, et sous les conditions déterminées par la loi ou par les règlements d'administration publique.

12. Les armes ou les pièces d'armes de guerre fabriquées dans les établissements autorisés ne peuvent être destinées qu'à l'exportation, sauf le cas de commandes faites par le Ministre de la Guerre pour le service de l'Etat. (Loi du 14 juillet 1860, art. 1er.)

13. Les armes de guerre sont celles qui servent ou qui ont servi à armer les troupes françaises ou étrangères.
Peut être réputée arme de guerre, toute arme qui serait reconnue propre au service de la guerre et qui serait une imitation réduite ou amplifiée d'une arme de guerre.

14. Les armes dites *de bord* ou *de troque* sont considérées comme armes de guerre et soumises aux mêmes règles. (Même loi, art. 2.)

15. Toute importation d'armes de guerre et de canons ou d'autres pièces d'armes de guerre est interdite, à moins qu'elle ne soit autorisée par le Ministre de la Guerre. (Même loi, art. 7, et loi du 17 juillet 1867, tableau C.)

16. Des décrets déterminent ceux des entrepôts de Douane dans lesquels les armes ou les pièces d'armes de guerre de provenance étrangère peuvent être exclusivement déposées..... (Même loi, art. 8.)

17. L'exportation des armes ou des pièces d'armes de guerre est libre sous les conditions déterminées par la loi ou par les règlements d'administration publique.

18. Néanmoins, un décret peut interdire cette exportation par une frontière pour une destination ou une durée déterminées. — Voir le n° 4 du chapitre Ier.

19. Des décrets désignent les bureaux de Douane par lesquels l'exportation peut s'opérer.

20. Quand l'exportation est interdite pour certaines destinations, les exportateurs doivent, sous les peines portées par l'article 4 du titre III de la loi du 22 août 1791, justifier de l'arrivée des armes à une destination permise, au moyen d'acquits-à-caution qui sont délivrés, au départ, par les soins de l'Administration des Douanes, et qui sont déchargés, à l'arrivée, par les agents consulaires de France. (Même loi, art. 9.)

21. Les armes ou les pièces d'armes de guerre ne peuvent transiter ni être expédiées en mutation d'entrepôt ou en réexportation, sans un permis du Ministre de la Guerre.

22. Si l'exportation est interdite pour une destination, les permis de transit délivrés pour cette destination antérieurement au décret qui prononce l'interdiction sont annulés de droit. (Même loi, art. 10.)

23. L'importation, dans le cas où elle est autorisée ou ordonnée par le Ministre de la Guerre, l'exportation et le transit, ainsi que la circulation et le dépôt des armes ou des pièces d'armes de guerre dans le rayon des frontières, restent soumis aux dispositions législatives ou réglementaires sur les Douanes. (Même loi, art. 11.)

24. Quiconque, sans autorisation, se livre à la fabrication ou au commerce des armes ou des pièces d'armes de guerre, est puni d'une amende de 16 à 1,000 francs et d'un emprisonnement d'un mois à deux ans.

25. Les armes ou pièces d'armes de guerre fabriquées ou exposées en vente sans autorisation sont confisquées.

26. Les condamnés peuvent, en outre, être placés sous la surveillance de la haute police pendant un temps qui ne peut excéder deux ans.

En cas de récidive ces peines peuvent être portées jusqu'au double. (Même loi, art. 12.)

27. Il n'est dérogé ni à la loi du 24 mai 1834 ni aux lois et règlements concernant les armes de chasse et de luxe et les armes prohibées. (Même loi, art. 19.)

28. Dans les saisies d'armes et de munitions de guerre opérées en vertu des *lois de Douanes*, la prime de capture est imputée en dépense, dans la forme ordinaire, sur le budget des Douanes, à moins qu'une transaction avant jugement n'ait permis de l'imputer sur le produit même des sommes recouvrées par cette voie sur les contrevenants.

29. Les armes saisies sont versées dans les magasins de l'artillerie; des primes spéciales sont accordées aux saisissants, savoir : fusil, mousqueton, carabine, 5 francs; la paire de pistolets, 5 francs; le sabre de troupe à cheval, yatagan, 4 francs; le sabre de troupe à pied, poignard, 3 francs. (Décision ministérielle transmise par lettre de l'Administration du 31 mai 1861.)

Pour les poudres saisies, voir les n°s 50 et 51 du présent chapitre.

30. L'entrée en Algérie des armes et munitions de guerre reste soumise à la formalité de l'autorisation, qui continuera à être délivrée par le Gouverneur général[1]. Les armes de « commerce », de luxe ou de chasse, peuvent être introduites librement en Algérie sans autres formalités que celles prescrites par les règlements douaniers. En ce qui concerne les munitions et projectiles destinés à ces dernières armes, la livraison en est toujours subordonnée à l'autorisation administrative; mais cette autorisation sera, à l'avenir, délivrée par les Préfets et Sous-Préfets dans chaque département. (Lettre du Gouverneur général du 12 août 1890.)

31. La fabrication des poudres est et demeure formellement interdite en Algérie à tous particuliers, européen ou indigène. (Ordonnance du 4 septembre 1844, art. 1er [2].)

32. Est et demeure également prohibée l'importation des poudres étrangères, quelles qu'en soient la quantité et la qualité. Sont considérées comme poudres étrangères toutes celles qui ne seront pas renfermées dans des boîtes, caisses, rouleaux ou barils revêtus des plombs ou vignettes des poudreries de France, et qui seront trouvées soit à domicile, soit en circulation. (Même ordonnance, art. 2 [3].)

33. Les poudres françaises ne pourront être introduites que pour les approvisionnements de l'armée, de la marine ou des entrepôts,

---

1. ...... Le Gouverneur général a pu ordonner, en se fondant sur la loi du 24 mai 1834, que le soufre sera considéré comme munition de guerre et ne pourra être vendu aux indigènes sans autorisation préalable. — Cassation, 29 janvier 1851 (de Ménerville, 1830-1860, p. 23, renvoi 1.)

2. Cette ordonnance reproduit les principales dispositions de la loi du 13 fructidor an V et de la loi du 25 juin 1841.

3. Toutes les dispositions des lois de Douanes relatives aux marchandises prohibées sont applicables aux poudres à feu et aux produits qui y sont assimilés. (Loi du 2 juin 1875, art. 5; circulaire n° 1273.)

La sortie des poudres à tirer est interdite. (Lois des 11 mars 1793, art. 2, et du 19 thermidor an IV.)

Il y a exception pour les poudres qui ont fait l'objet de permis d'exportation délivrés par la Régie. (Voir la note explicative n° 512 du Tarif de 1885.)

Pour la dynamite, voir les n° 55 à 59 du présent chapitre.

en vertu des expéditions régulières délivrées par l'Autorité compétente. Néanmoins, tout voyageur est autorisé à importer, pour sa consommation, des poudres françaises, revêtues des plombs ou vignettes de la Régie, en quantité de 2 kilogrammes et au-dessous. (Même ordonnance, art. 3.)

— Cartouches pour révolvers et armes de luxe fabriquées en Corse et expédiées en Algérie. — Voir lettre de l'Administration du 6 avril 1888.

34. Les Capitaines de navires, de quelque lieu qu'ils viennent, sont obligés, dans les vingt-quatre heures de leur entrée dans le port, de faire, au bureau des Douanes, déclaration des poudres qu'ils ont à bord, et de les représenter au départ, à peine d'une amende de 100 francs par kilogramme manquant. (Même ordonnance, art. 4.)

35. Aucune poudre française ne peut circuler en Algérie en quantité supérieure à 2 kilogrammes que sous les plombs et vignettes de l'Administration, et en vertu d'un laissez-passer visé par l'Autorité compétente. Il est également interdit à toute personne qui n'y serait pas autorisée par l'Autorité compétente de conserver chez elle de la poudre française en quantité supérieure à 5 kilogrammes.

36. La possession d'une quantité quelconque de poudre de guerre est interdite. (Même ordonnance, art. 5.)

37. Il ne sera vendu, en Algérie, que des poudres provenant des manufactures nationales de France. (Même ordonnance, art. 6.)

38. La vente des poudres françaises est interdite, en Algérie, à toutes personnes autres que celles qui y sont spécialement autorisées. (Même ordonnance, art. 7.)

39. *Les employés des Douanes* et ceux des contributions diverses, la troupe de ligne, la gendarmerie et les agents de police, sont chargés de la recherche des poudres étrangères et de celles fabriquées en fraude, ainsi que des poudres françaises, qui pourraient circuler sans que les formalités prescrites par l'article 5 eussent été remplies. Ces mêmes agents et la force armée pourront aussi faire des recherches chez les particuliers soupçonnés de fraude, mais en se faisant assister par un officier de police. (Même ordonnance, art. 16.)

40. Tout individu qui fabriquera ou fera fabriquer de la poudre sera condamné à 3,000 francs d'amende. La poudre, les matières et ustensiles servant à sa confection, seront en outre confisqués. Les fabricants et les ouvriers employés à cette fabrication seront condamnés, pour la première fois, à trois mois, et, en cas de récidive, à un an de détention. (Même ordonnance, art. 17.)

41. Toute circulation en contravention à l'article 5 sera punie de la confiscation de la poudre et des moyens de transport et d'une amende de 20 francs par chaque kilogramme de poudre saisie. Les contrevenants encourront en outre la détention déterminée par l'article 17 ci-dessus. (Même ordonnance, art. 18.)

42. Seront considérés comme fabricants, et punis comme tels, de l'amende de 3,000 francs et de la détention déterminée par le dit article 17, ceux qui seront trouvés nantis d'une quantité quelconque de poudre prohibée par les articles 2 et 5, à moins qu'il ne mettent le vendeur sous la main de la justice, auquel cas ils ne seront personnellement passibles que d'une amende de 100 francs. (Même ordonnance, art. 19.)

43. Tout individu qui vendra de la poudre française sans y être autorisé, conformément à l'article 17, sera condamné, pour la première fois, à une amende de 500 francs, laquelle sera portée au double, en cas de récidive. (Même ordonnance, art. 20.)

44. Seront punis d'une amende qui ne pourra être moindre de 100 francs, ni excéder 200 francs, ceux qui seront reconnus avoir conservé chez eux une quantité de poudre française excédant 5 kilogrammes. Les contrevenants encourront, en outre, la détention déterminée par l'article 17. (Même ordonnance, art. 21.)

45. Il est défendu à tous militaires, à tous gardes des arsenaux de la marine ou de la guerre, à tous ouvriers employés dans les magasins de l'État, de vendre, donner ou échanger aucune poudre, sous peine de détention de trois mois à un an. (Même ordonnance, art 25.)

46. En ce qui concerne l'arrestation et la détention, pour les faits prévus par les articles 17, 18, 19, 21 et 25 de la présente ordonnance, on se conformera aux dispositions des articles 222, 223, 224 et 225 de la loi du 28 avril 1816, rendus applicables par celle du 25 juin 1841, à la fabrication illicite, au colportage et à la vente des poudres à feu sans permission. (Même ordonnance, art. 26.)

47. Dans tous les cas de contravention aux dispositions de la présente ordonnance, en outre des condamnations pécuniaires qu'elles prononcent, les poudres qui auront été l'objet de la contravention seront confisquées (Même ordonnance, art. 27.) et seront versées à *l'Administration des contributions diverses* (Décision ministérielle du 6 juin 1873 et lettre du Directeur général des contributions indirectes du 12 février 1884).

48. Toutes contraventions à la présente ordonnance seront constatées par procès-verbaux rédigés à la requête *du Gouverneur général, poursuites et diligences du Directeur des contributions diverses du département,* et poursuivies devant les tribunaux de police correctionnelle. (Même ordonnance, art. 28.)

49. Le chef du service des contributions diverses *du département* est autorisé à consentir avant, et même après jugement, des transactions sur les amendes encourues. Toutefois, ces transactions ne seront définitives qu'avec l'approbation du *Gouverneur général,* si l'amende encourue et le prix des objets confisqués s'élèvent à 1,000 francs, et avec celle du Ministre s'ils excèdent cette somme. (Même ordonnance, art. 30.)

50. Les employés, préposés, gendarmes et militaires qui, dans les cas prévus par les articles 17, 18, 19, 21 et 25, arrêteront ou auront concouru à arrêter des contrevenants en matière de poudres à feu, recevront, quel que soit le nombre des saisissants, une prime de 15 francs par chaque individu arrêté. (Même ordonnance, art. 3'.)

51. Les poudres saisies seront, dans les vingt-quatre heures de la saisie, déposées dans les magasins *des contributions diverses* et payées, *par cette Administration,* aux saisissants, à raison de 1 fr. 50 c. par kilogramme, sans distinction de qualité ni prélèvement d'aucun frais. (Même ordonnance, art. 32; décision ministérielle du 6 juin 1873, et lettre du Directeur général des contributions indirectes du 12 février 1884.)

52. Le montant des amendes, du prix des poudres, suivant le taux fixé par l'article ci-dessus, et le produit net de la vente des objets confisqués, seront, après la transaction approuvée par qui de droit, ou après l'exécution du jugement, répartis par portions égales entre tous les employés saisissants, sauf les employés supérieurs, Officiers et Receveurs poursuivants, qui toucheront deux parts de saisissant. Les agents qui n'auront pas personnellement concouru à la saisie n'auront droit à aucune part. Lorsque les saisissants appartiendront à l'Administration financière, il sera fait d'abord prélèvement, en faveur de la Caisse des retraites, du quart du produit net, qui leur reviendra sur les amendes et confiscations, en conformité de la décision du Ministre des Finances du 26 mars 1829. (Même ordonnance, art. 33.)

53. Il sera accordé à l'indicateur de la fraude ou de la contravention un tiers du produit net des amendes ou confiscations, pourvu, toutefois, qu'il se soit fait connaître, avant la saisie, *au Gouverneur général* ou à l'agent supérieur des Douanes ou des contributions diverses de la localité la plus voisine du lieu de la saisie. (Même ordonnance, art. 34.)

54. Tous les frais relatifs aux saisies de poudres seront imputés sur le produit des amendes et confiscations; en cas d'insuffisance, les frais demeureront à la charge du Trésor. (Même ordonnance, art. 35.)

55. *Poudre dynamite.* — La loi du 8 mars 1875 et le décret y relatif du 24 août suivant sont rendus exécutoires en Algérie, sous les réserves et restrictions suivantes : la vente de la dynamite sera limitée aux entrepreneurs de travaux publics ou aux carriers qui les alimentent, et aux exploitants de mines ou carrières, sur demandes visées par les Ingénieurs chargés de la surveillance des travaux ou exploitations, et revêtues de l'autorisation du maire de la commune sur le territoire de laquelle auront lieu les dits travaux ou exploitations. (Décret du 17 mai 1876, art. 1er.)

56. Les attributions conférées par la loi du 8 mars et le règlement du 24 août 1875, au service des contributions indirectes, seront exercées en Algérie par le service des contributions diverses. (Même décret, art. 2.)

57. Ne sont pas considérés comme exportés, et donnant lieu à la décharge de l'impôt prévue par l'article 5, § 3, les poudres dynamites et les explosifs à base de nitroglycérine fabriqués en France et transportés en Algérie. (Même décret, art. 3.)

58. Aux termes du décret du 28 octobre 1882, transmis par la circulaire n° 1590, le transport de la dynamite est soumis à des règles nouvelles et restrictives, applicables non-seulement à la Métropole, mais en Algérie, comme toutes les mesures d'ordre public [1].

59. Les acquits-à-caution que délivre le service des contributions indirectes, pour accompagner la dynamite en Algérie, doivent dès lors indiquer la destination définitive, et accompagner la marchandise jusqu'au point indiqué. Il faut donc laisser ces pièces entre les mains des intéressés après les avoir fait mentionner sur l'expédition de Douane. Cette expédition sera un simple passavant. (Lettre de l'Administration du 30 décembre 1882.)

60. Sont interdits la vente aux indigènes et l'achat, par ceux-ci, d'armes, plomb, pierres à feu, poudre, soufre, salpêtre, ou de toutes autres substances pouvant servir de munitions de guerre ou remplacer la poudre. Néanmoins, la vente et l'achat de ces objets seront permis à ceux qui auront obtenu une autorisation spéciale. Cette autorisation, qui devra rester entre les mains, soit du vendeur, soit de l'acheteur, sera délivrée par le Chef de l'Administration civile, dans les localités où il existe un bureau arabe départemental, et de

---

1. Par un arrêté du 24 avril 1880, le Gouverneur général a autorisé la Société générale de la Dynamite française à faire transporter cet explosif de son dépôt de Bône aux divers ports du littoral algérien par navires étrangers.

l'avis de ce bureau, mais seulement aux indigènes[1] relevant de sa juridiction. Dans toutes les autres localités, cette autorisation sera délivrée par le Commandant du cercle ou de la subdivision. Les Autorités civiles seront tenues de faire connaître aux Commandants des divisions militaires les autorisations qu'elles auront délivrées. (Décret du 12 décembre 1851, art. 1er.)

61. Jusqu'à ce qu'il en soit autrement ordonné, et par dérogation temporaire aux dispositions de la loi du 24 mai 1834, tout individu qui contreviendra aux dispositions de l'article précédent sera puni d'une amende de 200 francs à 2,000 francs et d'un emprisonnement d'un mois à deux ans. Le coupable pourra aussi être mis, par le jugement de condamnation, sous la surveillance de la haute police pendant cinq ans au moins et dix ans au plus. Il pourra, en outre, être interdit, pendant le même temps, des droits mentionnés à l'article 42 du Code pénal. En cas de récidive, les peines pourront s'élever jusqu'au double. (Même décret, art. 2.)

62. La circulation des armes et autres objets énumérés en l'article 1er, la proposition de vente et celle d'achat, seront punies comme la vente et l'achat consommés. (Même décret, art. 3.)

63. La simple détention, par un indigène, de munitions de guerre ou autres substances et matières énumérées en l'article 1er, sans autorisation préalable, ou dépassant par sa quantité l'autorisation donnée, sera punie des peines édictées en l'article 2. (Même décret, art. 4.)

64. Les armes, munitions de guerre, poudre, soufres, salpêtres et toutes autres matières pouvant servir à fabriquer la poudre, saisis

---

1. Par ce mot « indigènes », le décret n'entend pas seulement parler des musulmans de l'Algérie, sujets de la France; il désigne également les Arabes, Kabyles et autres indigènes de l'Algérie, quels que soient leur pays d'origine et leur résidence habituelle, et oblige ainsi tous les indigènes qui se trouvent sur notre territoire, à demeure ou passagèrement.

(Extrait d'une lettre écrite le 22 octobre 1890 par le Gouverneur général au Préfet d'Alger.)

dans le cas de contravention au présent décret, seront confisqués. Il en sera de même des moyens de transport. (Même décret, art. 5.)

65. Le décret du 23 septembre 1872 promulguant en Algérie la loi du 24 mai 1834 n'a nullement abrogé ni modifié les dispositions du décret du 12 décembre 1851, toujours applicable en ce qui concerne la vente aux indigènes et l'achat par eux d'armes, de munitions et autres substances, la circulation, les propositions de vente et d'achat des mêmes matières, et, enfin, la détention seulement de munitions et autres substances sans autorisation spéciale. L'article 4 de ce décret ne prévoyant pas la détention d'armes, suivant la jurisprudence adoptée, il y a lieu de recourir, pour la répression de cette infraction, aux dispositions de l'article 3 de la loi du 24 mai 1834 (Conseil permanent de révision d'Alger, 14 novembre 1889; *Journal officiel* du 13 janvier 1890). — Ainsi jugé par sept arrêts du 17 décembre 1874, deux arrêts du 2 janvier 1875; circulaire du Procureur général à Alger du 20 janvier 1875 (Hugues et Lapra, 1872-1878, p. 39).

66. La détention de poudre étrangère ou de poudre de guerre peut, outre les peines édictées par le décret du 12 décembre 1851, donner lieu à l'application des peines édictées par le règlement spécial du 4 septembre 1844. Ce règlement doit, toutefois, être considéré comme protecteur des droits fiscaux résultant du monopole de l'État pour la fabrication ou la vente des poudres. Ses dispositions peuvent être appliquées concurremment avec la répression pénale, lorsque l'Administration intervient au débat; mais il importe que son intervention soit régulière, et notamment qu'elle soit fondée sur des constatations par procès-verbaux réguliers rédigés à la requête *du Gouverneur général de l'Algérie*. — Circulaire du Procureur général à Alger du 20 janvier 1875 (Hugues et Lapra, 1872-1878, p. 40).

CHAPITRE XVII.

TIMBRE.

1. Sont applicables et exécutoires en Algérie les lois, décrets et ordonnances qui régissent actuellement en France l'impôt et les droits de timbre. (Ordonnance du 10 janvier 1843, art. 1er.)

2. Les lois et ordonnances qui seraient rendues par la suite en France, relativement aux droits de timbre, ne deviendront exécutoires en Algérie qu'en vertu d'ordonnances spéciales. (Même ordonnance, art. 2.)

Concours des Douanes à l'exécution des lois sur le timbre, rendues applicables en Algérie[1].

3. Mode d'application du timbre ordinaire :

Loi du 13 brumaire an VII, articles 3, 12 et 14. (*Ordonnance du 10 janvier 1843, art. 1er.*)

Loi de finances du 2 juillet 1862, articles 17, 23 et 24. (*Décret du 14 du même mois, promulguant les art. 17 à 27.*)

Loi du 23 août 1871, article 2. (*Décret du 12 décembre suivant.*)

4. Timbre de dimension :

Lois des 13 brumaire an VII, article 12, et 11 juin 1842, article 6 et 7. (*Ordonnance du 10 janvier 1843, art. 1er*).

---

1. On n'a mentionné sous ce titre que les articles des lois de la Métropole cités aux n°s 551 à 567 des observations préliminaires du Tarif des Douanes. Les ordonnances et décrets rendant ces articles de lois exécutoires en Algérie sont en *italiques*.

Loi du 2 juillet 1862, articles 23 et 24. (*Décret du 14 du même mois promulguant les art. 17 à 27.*)

Décret du 29 octobre 1862. (*Décret du 8 janvier 1863.*)

5. Récépissés pour transports par chemins de fer :

Loi de finances du 13 mai 1863, article 10. (*Décret du 16 septembre 1871.*)

Décret du 2 janvier 1864, article 1er. (*Exécution de l'art. 24 de la loi du 2 juillet 1862, promulguée en Algérie par décret du 14 du même mois.*)

Loi du 28 février 1872, article 11. (*Décret du 22 juin 1872.*)

Loi du 30 mars 1872, articles 1 et 2. (*Décret du 22 juin 1872.*)

Loi du 19 février 1874, article 10. (*Décret du 1er avril suivant.*)

6. Connaissements :

Loi du 30 mars 1872, articles 3, 4, 5, 6. (*Décret du 22 juin 1872.*)

Décret du 30 avril 1872, article 3. (*Décret du 22 juin 1872.*)

7. Timbre de 10 centimes pour décharge :

Loi du 13 brumaire an VII, article 16, § 14 et article 29. (*Ordonnance du 10 janvier 1843, art. 1er.*)

Loi du 23 août 1871, art. 18 et 20. (*Décret du 12 décembre suivant.*)

8. Timbre de 10 centimes pour colis postaux :

Lois des 3 mars 1881 (*art.* 5) et 24 juillet 1881 (*art.* 1er).

9. Oblitération des timbres :

Décret du 30 avril 1872, articles 2 et 3. (*Décret du 22 juin 1872.*)

Décret du 27 novembre 1871, article 2. (*Promulgué en Algérie le 27 décembre suivant. — Bulletin officiel du Gouvernement général, n° 388.*)

10. Le Service de l'enregistrement et du timbre est autorisé à approvisionner les Receveurs des Douanes de timbres mobiles de connaissements de toute nature, en réduisant, d'accord avec l'Administration des Douanes, le taux de la remise à 1 fr. 25 c. 0/0.

11. Cette mesure est limitée provisoirement aux villes d'Alger, d'Oran et de Philippeville. (Lettre du Gouverneur général du 3 février 1890.)

12. La mesure ci-dessus est étendue aux ports de Mers-el-Kébir et de Beni-Saff (Décision du Gouverneur général du 28 février 1890), de Dellys, de Cherchell et de Tenès (Décision du Gouverneur général du 17 mars 1890).

13. Dans les autres bureaux, la débite des timbres mobiles de connaissements est soumise aux mêmes règles qu'en France; c'est-à-dire que les Receveurs de ces bureaux sont autorisés à timbrer directement, dans quelque localité qu'ils se trouvent, les connaissements et connaissements supplémentaires venant de l'étranger et des Colonies françaises où le timbre n'existe pas.

14. Ceux de ces comptables dont la Recette a pour siège une localité *pourvue ou non* de bureau d'enregistrement jouiront de la même autorisation, en ce qui concerne les connaissements créés en France et dans les Colonies où le timbre existe, qui auraient été établis sur papier libre et pour lesquels les contrevenants consentent à acquitter immédiatement l'amende. (Décision du Gouverneur général de l'Algérie du 30 juillet 1888.)

CHAPITRE XVIII.

POLICE SANITAIRE MARITIME.

1. Le décret du 22 février 1876 portant règlement de la police sanitaire maritime pour la France est applicable à l'Algérie, sous la réserve des modifications suivantes :

ARTICLE 8. — La présentation d'une patente de santé à l'arrivée dans un port d'Algérie est obligatoire en tout temps pour les navires provenant des côtes orientales de la Turquie d'Europe, du littoral de la mer Noire et de tous les pays situés hors d'Europe.

ART. 9. — A. En tout temps, sont dispensés de se munir d'une patente de santé, à moins de prescription exceptionnelle, les navires faisant le cabotage de France en Algérie et de port d'Algérie à port d'Algérie.

— B. En temps ordinaire, c'est-à-dire quand aucune épidémie pestilentielle n'est signalée dans aucun pays du nord de l'Europe, sont dispensés de présenter une patente de santé, à leur arrivée dans un port d'Algérie, les navires provenant de la Grande-Bretagne, de la Belgique, de la Hollande, de l'Allemagne, du Danemark, de la Norwège, de la Suède et de la Russie. (Décret du 25 mai 1878, art. 1er; circulaire du 11 juin, n° 1379.)

2. Le Gouverneur général civil de l'Algérie exerce celles des attributions conférées au Ministre de l'Agriculture et du Commerce par le décret du 22 février 1876, et pourvoit à l'organisation, suivant les besoins du service, des circonscriptions sanitaires maritimes. (Même décret, art. 2.)

3. L'intention du législateur a été d'assimiler, pour la perception des taxes sanitaires, les ports de l'Algérie aux ports de la Métropole. Il y a exemption du droit de reconnaissance à l'arrivée pour les bâtiments naviguant entre l'Algérie et les ports français de la Méditerranée; le droit est, comme en France, de 5 centimes pour les bâtiments naviguant entre l'Algérie et les ports français de l'Océan ou de la Manche. (Circulaire du 12 mars 1886, n° 1775.)

CHAPITRE XIX.

POLICE SANITAIRE DES ANIMAUX.

1. Un décret du 12 novembre 1887 a rendu exécutoire, en Algérie, la loi du 21 juillet 1881.

2. Les animaux des espèces chevaline, asine, bovine, ovine, caprine et porcine, sont soumis, en tout temps, aux frais des importateurs, à une visite sanitaire au moment de leur entrée en Algérie, soit par terre, soit par mer.

3. La même mesure peut être appliquée aux animaux des autres espèces lorsqu'il y a lieu de craindre, par suite de leur introduction, l'invasion d'une maladie contagieuse. (Art. 27.)

4. Les animaux des mêmes espèces, lorsqu'ils sont exportés d'Algérie à destination de la France ou de l'Etranger par voie de mer, sont également soumis à une visite sanitaire aux frais des exportateurs, au moment de leur embarquement.

5. Le montant des frais de visite sera déterminé, pour chaque espèce d'animaux, par décret du Président de la République, sur le rapport du Ministre de l'Agriculture, après avis du Gouverneur général, les Conseils généraux des trois départements de l'Algérie et le Conseil du Gouvernement entendus. (Art. 28.)

6. Les droits de visite seront perçus par les employés du service des Douanes.

7. A cet effet, il sera établi un fonds commun auquel seront versées les recettes nettes effectuées, sous déduction d'un droit de 5 0/0 qui sera prélevé à titre de frais de perception et de gestion pour le compte de l'Administration des Douanes. (Art. 29.)

8. Ce fonds commun est employé à faire face aux dépenses du service sanitaire des animaux domestiques organisé suivant les besoins de l'Algérie.

9. Il est réparti par le Gouverneur général suivant les besoins des trois départements.

10. Les excédents de recette, s'il y en a, sont maintenus au fonds commun et reportés, d'exercice en exercice, à l'effet de compenser les insuffisances qui pourraient se produire.

11. En cas d'insuffisance des produits du fonds commun, les frais excédents sont supportés par le budget départemental; ils sont compris parmi les dépenses obligatoires et assimilés aux dépenses classées sous les numéros 1 à 4 du décret du 23 septembre 1875. (Art. 30.)

12. Toutes les recettes en nature ou sous forme de virement, de comptable à comptable, seront centralisées entre les mains du Receveur principal des Douanes à Alger. Tous les mandats payables sur le fonds commun lui seront adressés pour être visés par lui, et pour le montant en être acquitté soit directement, soit par l'intermédiaire des Receveurs des Douanes ou des contributions diverses, dans les localités autres que Alger. Enfin, il a été expressément spécifié qu'un compte spécial serait établi par département, tant en recettes qu'en dépenses.

13. Tous les mandats seront émis par M. le Secrétaire général du Gouvernement chargé des fonctions d'ordonnateur secondaire du fonds commun sanitaire. Les traitements des vétérinaires délégués chefs de service dans les trois départements, et des vétérinaires-visiteurs dans les quatre ports d'Alger, d'Oran, de Philippeville et de Bône, seront seuls mandatés tous les mois. Quant aux indemnités de fonctions, revenant aux vétérinaires de circonscriptions et aux vétérinaires visiteurs dans les petits ports et dans les bureaux de Douane de la frontière, elles seront réglées tous les trimestres seulement. (Lettre du Gouverneur général du 11 mai 1889.)

14. Les bureaux de Douane et les ports de mer ouverts, soit à l'importation, soit à l'exportation des animaux soumis à la visite, sont déterminés par arrêté du Gouverneur général. (Décret du 12 novembre 1887, art. 35.)

15. Le Gouverneur général peut prohiber l'entrée en Algérie, ou ordonner la mise en quarantaine des animaux susceptibles de communiquer une maladie contagieuse, ou de tous les objets pouvant présenter le même danger.

16. Il peut, à la frontière, prescrire l'abatage, sans indemnité, des animaux malades ou ayant été exposés à la contagion, et, enfin, prendre toutes les mesures que la crainte de l'invasion d'une maladie rendrait nécessaires. (Art. 36.)

17. Les mesures sanitaires à prendre à la frontière sont ordonnées par les maires dans les communes rurales, par les commissaires de police dans les gares frontières et dans les ports de mer, conformément à l'avis du vétérinaire désigné par l'Administration pour la visite du bétail.

18. En attendant l'intervention de ces autorités, les agents de Douane peuvent être requis de prêter main-forte. (Art. 37.)

19. Les municipalités des ports de mer ouverts à l'importation du bétail devront fournir un local destiné à recevoir, à mesure du débarquement, les animaux mis en quarantaine par mesure sanitaire. Ce local devra être préalablement agréé par le Gouverneur général.

20. Pour se rembourser de ces frais, les municipalités pourront établir des taxes spéciales sur les animaux importés. (Art. 38.)

21. Le Gouverneur général est autorisé à prescrire à la sortie les mesures nécessaires pour empêcher l'exportation des animaux atteints de maladies contagieuses. (Art. 39.)

22. Sont ouverts à l'importation et à l'exportation des animaux des espèces chevaline, asine, bovine, ovine, caprine et porcine, les bureaux de Douane de La Calle (frontière de terre), de Souk-Ahras et de Tebessa, et les ports d'Alger, de Tenès, d'Oran, de Mostaganem, d'Arzew, de Beni-Saf, de Bougie, de Philippeville et de Bône (Arrêté du Gouverneur général du 10 mars 1888); Cherchell (Arrêté du 10 septembre 1888); Djigelli (Arrêté du Gouverneur général du

13 décembre 1888); Lalla-Maghrnia (Arrêté du 27 septembre 1890); Roum-el-Souk (Arrêté du 18 mai 1892).[1]

23. Les convois de bestiaux entrant par Ghardimaou (Tunisie) sont expédiés sur le bureau de Souk-Ahras, sous le régime du transit international. Les préposés convoyeurs reçoivent une indemnité calculée sur les bases arrêtées par la décision administrative du 27 octobre 1882. (Décision administrative du 6 juillet 1889.)

24. Le tarif des droits de visite sanitaire dont la perception est autorisée par les articles 27 et 28 du décret du 12 novembre 1887 est fixé comme il suit :

Chevaux, ânes, mulets : par tête......	1 f.	» c.
Taureaux, bœufs, vaches..............	0	50
Bouvillons, taurillons, génisses, veaux:		
par tête.........................	0	25
Moutons, agneaux, chèvres, chevreaux,		
porcs et cochons de lait : par tête...	0	10

Ce tarif sera appliqué tant à l'importation qu'à l'exportation. (Décret du 18 février 1889, art. 1er.)

25. La prescription de nos lois et règlements sur la police sanitaire des animaux ne s'applique pas aux animaux de l'armée, pour lesquels l'Autorité militaire est chargée de prendre et de faire exé-

---

1. Les bestiaux achetés en Algérie pour les garnisons espagnoles de la côte marocaine peuvent être expédiés par le port de Nemours.

Le Vice-Consul d'Espagne à Nemours est désigné pour faire près du service des Douanes, et pour chaque envoi, les formalités nécessaires, et notamment la déclaration écrite que le bétail est bien destiné aux garnisons espagnoles du Maroc.

Après remise de la déclaration, le service permettra l'embarquement des animaux, et, grâce à cet arrangement international, il ne sera plus nécessaire de recourir à l'intervention du Gouvernement général que dans des circonstances particulières dont le service des Douanes demeurera juge. (Lettre du Gouverneur général du 19 octobre 1891.)

cuter les mesures que les circonstances peuvent exiger. Cette règle est formulée à l'article 62 du règlement d'administration publique du 22 juin 1882, article dont les dispositions sont applicables en Algérie aussi bien qu'en France. (Lettre du Ministre de l'Agriculture du 21 juin 1889, transmise le 27.)

CHAPITRE XX.

PHYLLOXÉRA.

1. La loi des 15 juillet 1878-2 août 1879, est applicable à l'Algérie. (Décret du 12 juillet 1880, art. 1er; circulaire du 30, n° 1446.)

2. Les arrêtés pris en France pour l'application de la dite loi ne sont pas exécutoires en Algérie. (Même décret, art 2.)

3. Le Gouverneur de l'Algérie exerce celles des attributions conférées au Ministre de l'Agriculture et du Commerce par la loi des 15 juillet 1878-2 août 1879. (Même décret, art. 3.)

4. Un décret du 24 juin 1879 (circulaire du 28, n° 1411) avait interdit l'importation, en Algérie, des produits agricoles et horticoles autres que les pommes de terre. Un autre décret du 17 juin 1884 (circulaire du 30, n° 1672) a reproduit et complété les dispositions du décret du 24 juin 1879.

5. Est prohibée l'importation en Algérie, quelle qu'en soit la provenance :

1° Des ceps de vigne, sarments, crossettes, boutures avec ou sans racines, marcottes, etc., des feuilles de vigne même employées comme enveloppes, couvertures et emballage des raisins de table ou de vendange, des marcs de raisins et de tous les débris de la vigne;

2° Des plants d'arbres, arbustes et végétaux de toute nature;

3° Des échalas et des tuteurs déjà employés;

4° Des engrais végétaux, terres, terreaux et fumiers.

6. Ne sont pas compris dans cette dernière catégorie : les engrais commerciaux, tels que guanos, phosphates, poudrettes, sels de soude et de potasse, sulfates d'ammoniaque, phosphates de chaux en poudre, superphosphates, les chiffons de laine, os, tourteaux, plâtres, chaux, cendres, marnes, sang desséché et frais, et les engrais composés de matières animales et minérales et analogues. (Décret du 17 juin 1881, art. 1er.)

7. Est également prohibée l'entrée, en Algérie, des fruits et légumes frais de toute nature. (Même décret, art. 2.)

8. Par suite de diverses opérations consistant à nouer les fanes de l'ail pour attirer sur ses bulbes le profit de la sève, à arracher la plante après dessèchement complet des dites fanes et à former des bottes qu'on suspend dans un lieu parfaitement sec, ce légume cesse d'être un légume frais. L'appréciation des juges du fond est souveraine[1]. (Arrêt de cassation du 11 novembre 1887.)

9. La dénomination générique de légumes secs s'applique aux produits des jardins ou des champs qui, rangés parmi les légumes verts lorsqu'ils sont frais, seraient importés à l'état sec. (Notes 75 et 146 du Tarif et décision de l'Administration du 16 octobre 1889.)

10. On admet à l'importation, en Algérie, mais après avoir été lavés et complètement dégarnis de terre, les pommes de terre (décret du 17 juin 1884, art. 3), et les topinambours. (Décret du 6 juin 1889, art. 1er.)

11. Les noix de coco peuvent être introduites en Algérie à la condition d'avoir été préalablement dépouillées de leur première enveloppe. (Décision du Ministre de l'Agriculture notifiée par lettre du Gouverneur général de l'Algérie, du 14 août 1886.)

12. Les truffes sont admises sans qu'il soit nécessaire de leur faire subir une préparation quelconque. (Décision du Ministre de l'Agriculture notifiée par lettre du 5 février 1880 du Gouverneur général de l'Algérie.)

13. L'entrée en Algérie des produits agricoles et horticoles de la Régence de Tunis est autorisée, à l'exception toutefois des vignes et

---

1. NOTA. — En ce qui concerne l'application du Tarif, l'ail, lors même que la tige a été desséchée en vue de la conservation du légume, doit suivre le régime des légumes frais. (Décision de l'Administration du 4 avril 1892.)

débris de vignes. (Décision du Ministre de l'Agriculture du 3 octobre 1881 transmise par lettre du 16 du Gouverneur de l'Algérie.)

14. Les produits agricoles et horticoles, les végétaux de toute sorte provenant d'Algérie, sont admis exceptionnellement à pénétrer en Tunisie sur la production d'un certificat d'origine délivré par l'Autorité municipale et visé par les agents des Douanes du port d'embarquement. (Lettre du Gouverneur général de l'Algérie du 12 février 1886.)

15. Il est interdit de faire sortir des territoires infectés, délimités par les arrêtés du Gouverneur général de l'Algérie, pour les expédier au dehors, les objets et produits ci-après désignés :

1° Les ceps de vignes, sarments, crossettes, boutures avec ou sans racines, marcottes, etc., feuilles de vignes même employées comme enveloppe, couverture ou emballage, raisins de table ou de vendange, marcs de raisins, et d'une manière générale tous les produits et débris de la vigne ;

2° Les plants d'arbres, arbustes et végétaux de toute nature à l'état vivant ;

3° Les échalas et tuteurs déjà employés ;

4° Les engrais végétaux composts, terres, terreaux et fumiers. (Arrêté du Gouverneur général du 9 septembre 1886, art. 1er.)

16. Est autorisée l'exportation, hors des territoires délimités par les arrêtés, des fruits et légumes frais de toute nature.

17. Les pommes de terre ne sont toutefois admises à la circulation qu'après avoir été lavées et complètement dégarnies de terre. (Même arrêté, art. 2.)

18. Il sera procédé à la saisie et à la destruction immédiate des objets et produits, autres que les pommes de terre, mis en circulation en contravention au présent arrêté. Si ces objets consistent en plants de vignes, boutures, sarments, souches, feuilles et débris de vigne, échalas, tuteurs, leur emballage sera également détruit, et les véhicules qui auront servi au transport seront désinfectés par un lavage au pétrole[1] sous le contrôle des agents de l'Autorité.

19. Pour les pommes de terre qui n'auraient pas été lavées ou auraient conservé des adhérences de terre, l'opération devra être faite sur place sous les yeux des agents qui auront verbalisé ou de l'expert phylloxérique de la région.

20. Les détritus de terre en provenant seront arrosés au pétrole. (Même arrêté, art 3.)

21. Les frais résultant de la destruction des objets ou produits et de la désinfection des véhicules ayant servi au transport seront à la charge des contrevenants, sans préjudice des peines édictées par la loi des 15 juillet 1878-2 août 1879.

22. Une prime de trente francs (30 francs) sera payée à l'agent verbalisateur, après condamnation prononcée. (Même arrêté, art. 4.)

23. Les plants et sarments de vignes, les plants d'arbres, arbustes et végétaux de toute nature à l'état vivant, autres que les légumes frais, ne pourront circuler, en Algérie, qu'à la condition d'être accompagnés d'un certificat émanant du Maire ou de l'Administrateur du lieu d'origine et attestant que les dits produits ne proviennent pas d'une localité comprise dans la zone de protection d'une vigne déclarée infectée du phylloxéra. (Arrêté du Gouverneur général de l'Algérie en date du 2 octobre 1889, art. 1er.)

24. L'obligation spécifiée à l'article ci-dessus sera, en ce qui concerne les plants d'arbres, arbustes et végétaux de toute nature à l'état vivant, restreinte aux expéditions effectuées par un service public (chemin de fer, bateaux, voitures publiques, etc.). (Même arrêté, art. 2.)

25. Les entrepreneurs de transport sont tenus, sous les peines de droit, de refuser les objets et produits désignés à l'article 1er, qui

---

1. Ou à l'eau bouillante. (Décision ministérielle du 30 novembre 1886 transmise par lettre du Gouverneur général du 21 décembre suivant.)

ne seraient pas accompagnés d'un certificat d'origine, à moins que
ces objets et produits, autres que les sarments et boutures de vigne,
soient portés à la main par les voyageurs.

26. Dans le cas où ces objets seraient déjà dans la circulation,
ces entrepreneurs devront en informer sans retard l'Autorité administrative. (Même arrêté, art. 3.)

27. Les contraventions aux prescriptions ci-dessus seront relevées par tous les agents de la force publique. (Même arrêté, art. 4.)

28. Les certificats d'origine dont la production est prescrite par
l'arrêté du 2 octobre 1889 devront accompagner les envois jusqu'au
lieu de destination définitive. (Arrêté du 9 février 1891, art. 1er.)

Dans les vingt-quatre heures qui suivront l'arrivée des végétaux, les
destinataires devront faire la remise des certificats aux Maires ou aux
Administrateurs des communes sur le territoire desquelles seront
situées les propriétés où les végétaux seront placés à demeure.

Les Maires ou les Administrateurs, une fois nantis de ces certificats, les transmettront immédiatement au Préfet du département, qui
les fera tenir au Syndicat départemental des viticulteurs. (Même arrêté, art. 2.)

Les contraventions aux prescriptions ci-dessus seront relevées
par tous les agents de la force publique. (Même arrêté, art. 3.)

Les Préfets et les Généraux commandant les Divisions sont chargés de faire assurer l'exécution du présent arrêté, chacun dans les
territoires dont l'administration leur a été respectivement confiée.
(Même arrêté, art. 4.)

29. Les contraventions aux règlements spéciaux contre le phylloxéra doivent être exclusivement poursuivies à la requête du Ministère public. Il convient donc de ne pas constater et poursuivre ces
infractions à la requête de l'Administration des Douanes, mais de
déférer, par un simple acte administratif sur papier libre, les prévenus au Procureur de la République, en donnant à ce magistrat
tous les renseignements nécessaires. Quant aux marchandises, il y a
lieu d'informer le Parquet qu'elles sont à sa disposition, en le priant
de faire connaître la destination qui doit leur être donnée. (Décisions
de l'Administration des 24 mai 1886 et 2 août 1887.)

CHAPITRE XXI.

PÊCHE DU CORAIL.

1. Par un traité du 24 octobre 1832, le Bey de Tunis a cédé à la France l'exploitation de la pêche du corail sur les côtes de la Régence, moyennant une redevance annuelle de 13,500 piastres de Tunis (art. 1 et 2).

2. Cette redevance est payée annuellement par le Résident général au moyen d'une traite qu'il tire à l'ordre du Receveur des Douanes de la Régence à Tunis sur le Receveur principal des Douanes à Alger.

L'Administration des Douanes impute cette dépense sur les crédits du chapitre des *Remboursements de droits*. A l'appui du mandat qui est délivré par le Directeur des Douanes de l'Algérie pour liquider cette dépense, on doit produire :

1° L'arrêté de liquidation ;

2° La traite émise par le Résident général à Tunis ;

3° La lettre d'avis de ce fonctionnaire ;

4° La quittance donnée au Résident général par le Président du Conseil d'Administration des revenus concédés, ou par le Receveur des Douanes de la Régence à Tunis, qui lui est substitué ;

5° La copie du décret beylical établissant le cours des piastres dans les caisses publiques de la Régence.

(Lettre de l'Administration du 15 octobre 1884.)

3. Les barques de pêche doivent être munies de patentes françaises ; il appartient aux Français de veiller à ce que la pêche ne s'exerce pas sans leurs patentes[1]. (Traité du 24 octobre 1832, art. 3.)

---

1. La loi du 1ᵉʳ mars 1888 ayant, à titre général, interdit la pêche aux bateaux étrangers dans les eaux territoriales de l'Algérie, les dispositions ci-après ne sont rappelées qu'en vue du concours éventuel du service

4. A cessé d'être applicable le régime particulier sous lequel les bateaux corailleurs italiens se trouvaient placés en Algérie, en vertu de divers décrets dont le dernier est arrivé à échéance le 15 juillet 1886... (Circulaire du 20 juillet 1886, n° 1790.)

---

algérien à l'exécution du traité du 21 octobre 1832 et de la réglementation qui s'y rapporte. (Voir lettre du Gouverneur général de l'Algérie du 15 mars 1890, relative à l'application de la loi précitée du 1er mars 1888.)

Les bateaux corailleurs étrangers paieront pour l'année entière, sauf dérogation résultant des traités internationaux, un droit de pêche de 800 francs. (Ordonnance du 9 novembre 1811, art. 1er; décrets du 1er juin 1861, art. 1er, et du 19 décembre 1876, art. 1er; circulaire du 20 janvier 1877, n° 1321.)

Tout bateau trouvé exploitant, sans patente, la pêche dans les eaux de la Régence, encourra la double prestation. En conséquence, il sera saisi et conduit à Bône ou dans les ports de la Régence de Tunis, et condamné par voie administrative au paiement de la double prestation. Celle-ci payée, il pourra obtenir une patente pour exercer la pêche le reste de la saison. Arrêté de l'Intendant civil d'Alger du 31 mars 1832, art. 5.)

En se reportant au texte de l'article 5 de l'arrêté du 31 mars 1832, on n'aperçoit pas que la saisie du bateau y soit mentionnée dans le cas prévu comme la peine principale de la contravention, à laquelle il n'est, au contraire, attaché d'autre sanction que le paiement de la double taxe; et ce qui indique que la saisie, ou mieux la retenue, n'est ici prescrite qu'à titre de mesure conservatoire, c'est que, la prestation et l'amende acquittées, elle cesse de plein droit, le contrevenant obtenant une patente valable pour le reste de l'année. (Décision de l'Administration du 25 septembre 1855. — Affaire Borelli, 1er août 1855.)

Les patentes pourront être délivrées dans tous les bureaux de Douane de l'Algérie. (Arrêté ministériel du 16 octobre 1851, art. 4.)

Toute patente devra être rapportée et sa prestation acquittée au lieu de sa délivrance. (Arrêté de l'Intendant civil à Alger du 31 mars 1832, art. 6.)

Afin d'assurer le paiement de la prestation, nulle patente ne sera délivrée aux patrons que sur le dépôt en Douane de leurs papiers de bord, lesquels ne pourront leur être remis qu'après avoir acquitté la prestation. (Même arrêté, art. 7.)

Les patrons seront dispensés du dépôt des papiers de bord, si le Consul de leur nation consent à recevoir ces papiers et à souscrire l'engagement de ne les remettre au patron que sur l'apport du certificat de la Douane constatant sa libération, et aussi la remise de la patente pour la saison expirée. (Même arrêté, art. 8.)

Indépendamment du dépôt des papiers du bord, prescrit par les articles 7

5. Les pêcheurs de corail français, indigènes ou naturalisés[1], sont exonérés de tout droit. (Décret du 19 décembre 1876, art. 2.) Ils doivent être munis d'une patente. (Arrêté de l'Intendant civil d'Alger du 31 mars 1832, art. 5.)

6. Pour être admis à la gratuité de la pêche, les bateaux devront avoir été construits en France ou en Algérie, ou être français et appartenir à des Français ou naturalisés ; le patron et les trois quarts au moins de leurs équipages devront être français, indigènes ou naturalisés. (Décret du 19 décembre 1876, art. 3.)

7. Le fait, par un capitaine français pourvu d'une patente de corailleur, d'avoir un équipage composé d'étrangers, donne lieu à l'application de la loi du 21 septembre 1793. (Décision administrative du 6 mai 1856.)

---

et 8 de l'arrêté sus-visé, les étrangers, patrons ou propriétaires de barques coralines qui voudront obtenir la patente nécessaire pour l'exploitation de la pêche, s'engageront, par une soumission non cautionnée, à acquitter, dans le délai de trois mois, le droit imposé par l'ordonnance de 1844, ou à garantir dans le même délai le paiement de ce droit, soit par le dépôt d'une quantité de corail suffisante, soit par une caution solidaire notoirement solvable. (Arrêté ministériel du 16 octobre 1851, art. 1er.)

Les patrons ou propriétaires des bateaux corailleurs déclareront, dans les dites soumissions, affecter spécialement et indépendamment de leurs autres facultés à l'accomplissement de leurs engagements, sur la première réquisition par voie de contrainte de la Douane, leurs bateaux et agrès, ainsi que les produits de pêche qui se trouveront à bord. (Même arrêté, art. 2.)

Pour l'exécution des engagements ci-dessus spécifiés, tout patron ou propriétaire de barque sera tenu de faire élection de domicile dans la localité où la patente aura été délivrée, s'il n'y a son domicile réel. (Même arrêté, art. 3.)

Les droits garantis par un dépôt de corail ou par une caution devront être réalisés en numéraire avant l'expiration de l'année à compter du jour de la délivrance de la patente, et, dans tous les cas, avant la remise des papiers de bord. La date de la patente déterminera l'exercice auquel ces droits seront appliqués. (Même arrêté, art. 5.)

[1]. Pour la naturalisation des pêcheurs étrangers, voir lettre-circulaire de l'Administration du 17 septembre 1891.

8. Les pêcheurs ne pourront employer pour la récolte du corail, sur les côtes de l'Algérie et de la Tunisie, d'autre engin que celui qui consiste en une croix de bois garnie de filets de chanvre et munie à son centre d'un poids suffisant pour la faire descendre au fond.

9. Les bras de cette croix ne devront porter aucune armature métallique de quelque forme qu'elle puisse être.

10. Les instruments en fer ou autre métal, tels que grattes, dragues, casseroles, grappins, cercles, etc., sont prohibés. (Décret du 22 novembre 1883, art. 1ᵉʳ ; circulaire du 1ᵉʳ décembre, n° 1642.)

11. L'emploi du scaphandre continue à être autorisé.

12. Tout instrument nouveau pourra être permis également, en vertu d'un décret, si, après examen et essai, il est reconnu ne pas devoir nuire à la conservation des bancs de corail. (Même décret, art. 2.)

13. Les infractions à l'article 1ᵉʳ du présent décret seront punies des peines prévues par l'article 7 de la loi du 9 janvier 1852. (Même décret, art. 3.)

14. En cas de récidive, le contrevenant sera condamné au maximum de la peine de l'amende ou de l'emprisonnement ; ce maximum pourra être élevé jusqu'au double.

15. Il y a récidive lorsque, dans les deux années précédentes, il a été rendu contre le contrevenant un jugement pour contravention en matière de pêche (art. 11 de la loi). (Même décret, art. 4.)

16. Il est défendu de fabriquer et de mettre en vente des engins ou parties d'engins prohibés, sous les peines édictés par l'article 7 de la loi.

17. La recherche de ces engins ou parties d'engins prohibés pourra être faite à domicile chez les marchands et fabricants (art. 13 de la loi).

18. Les engins ou parties d'engins prohibés seront saisis ; le jugement en ordonnera la destruction (art. 14 de la loi). (Même décret, art. 5.)

19. Les engins employés en contravention et le corail pêché avec un instrument prohibé seront confisqués (art. 14 de la loi). (Même décret, art. 6.)

20. Lorsqu'un jugement aura ordonné la destruction d'engins prohibés, les parties non nuisibles seront séparées des autres et vendues comme en matière d'épaves maritimes.

21. Lorsque les agents auront saisi des instruments prohibés ou constituant une contravention, sans pouvoir découvrir le propriétaire des dits engins, il en sera dressé procès-verbal et l'on procédera, après jugement, comme il est dit au paragraphe qui précède.

22. L'indemnité acquise aux agents verbalisateurs sera prélevée, jusqu'à concurrence de son maximum, sur les produits de la vente.

23. Les parties nuisibles seront anéanties (art. 14 de la loi), à moins qu'elles ne soient de nature à être déformées et mises en vente sans aucun inconvénient après avoir subi cette opération. (Même décret, art. 7.)

24. Le produit des amendes et confiscations prononcées en vertu de la loi du 9 janvier 1852, pour infractions en matière de pêche du corail, sera attribué à la Caisse des Invalides de la Marine, sous la déduction du cinquième de ces amendes et confiscations, lequel reviendra à l'agent qui aura constaté la contravention, sans que cette allocation puisse excéder 25 francs pour chaque infraction (art. 15 de la loi). (Même décret, art. 8.)

25. Les infractions au présent décret seront recherchées et constatées par les Commissaires de l'Inscription maritime, les Officiers et Officiers mariniers commandant les bâtiments et embarcations garde-pêches, les Inspecteurs des pêches maritimes, les syndics des gens de mer, les prud'hommes pêcheurs, les gardes jurés de la marine, les gardes maritimes, les gendarmes de la

marine (art. 16, § 1er de la loi), *ainsi que par les agents des Douanes.*

26. Les procès-verbaux dressés par *les agents des Douanes* feront foi jusqu'à preuve du contraire. (Même décret, art. 9.)

27. Les contraventions donneront lieu à l'établissement de procès-verbaux qui devront être signés et affirmés, à peine de nullité, dans les trois jours de leur clôture, par devant le juge-de-paix du canton ou l'un de ses suppléants, ou par devant le maire ou l'adjoint, soit de la commune de la résidence de l'agent qui aura dressé le procès-verbal, soit de celle où le délit a été commis.

28. Toutefois, les procès-verbaux dressés par les Officiers du commissariat de la Marine chargés du service de l'Inscription maritime, par les Officiers et Officiers maritimes commandant les bâtiments et embarcations garde-pêches, et les Inspecteurs des pêches maritimes, ne sont point soumis à l'affirmation (art. 17 de la loi). (Même décret, art. 10.)

29. Toutes les poursuites en raison des infractions commises au présent décret seront portées devant les tribunaux correctionnels.

30. Si le délit a été commis en mer, elles seront portées devant le Tribunal du port auquel appartient le bateau.

31. Ces poursuites seront intentées dans les trois mois qui suivront le jour où la contravention aura été constatée.

32. A défaut de poursuites intentées dans ce délai, l'action publique et les actions privées relatives aux contestations entre pêcheurs seront prescrites (art. 18 de la loi). (Même décret, art. 11.)

33. Les infractions au présent décret qui, en raison de leur peu d'importance, ne paraîtront pas devoir être déférées au ministère public, seront punies disciplinairement, en vertu de l'article 58 du décret-loi du 24 mars 1852.

34. Les peines disciplinaires ne peuvent être appliquées qu'aux inscrits maritimes. (Même décret, art. 12.)

35. Les règlements et arrêtés relatifs à la pêche du corail sur les côtes de l'Algérie et de la Tunisie sont abrogés en tout ce qu'ils ont de contraire aux dispositions du présent décret. (Même décret, art. 13.)

(Voir chapitre XI, n° 5, pour les congés dont sont tenus de se munir les bateaux français employés à la pêche du corail, et le n° 28 du même chapitre pour l'avitaillement des bateaux corailleurs.)

CHAPITRE XXII.

ÉCHOUEMENTS ET NAUFRAGES.

1. Les lois et règlements de la Métropole sur les naufrages, bris, échouements (*entre autres la loi du 22 août 1791 et l'arrêté du 27 thermidor an VII*), sont applicables en Algérie. — Voir lettre-circulaire du Commissaire ordonnateur de la marine en Algérie du 24 décembre 1856, approuvée par le Contre-Amiral commandant la marine dans cette Colonie; circulaire du Gouverneur général du 28 du même mois (de Ménerville, 1830-1860, p. 461).

2. Les ancres et câbles dragués en Algérie dans les conditions prévues par la loi du 2 juillet 1836 seront admis au droit de.... (Voir le n° 560 du tableau A annexé à la loi du 11 janvier 1892.).... comme s'il s'agissait d'un dragage opéré dans les ports et rades de la Métropole. Lorsque ces ancres, au lieu d'être livrées à la consommation dans la Colonie, seront dirigées sur l'un des ports de France, elles y jouiront du régime de faveur, sous la condition que le fait du dragage sera constaté par des certificats des chefs locaux du service de la marine; ces certificats pourront rester entre les mains de la Douane coloniale, qui se bornera à en faire mention aux manifestes des bâtiments. — (Voir le n° 36 du chapitre III.) (Circulaire du 7 août 1857, n° 482.)

3. En France, les brigadiers, sous-brigadiers et préposés qui concourent à assurer la police des sauvetages reçoivent des frais de séjour pour tenir lieu de toute allocation; en Algérie, ils reçoivent à titre de frais de route 25 centimes par kilomètre, en raison des difficultés de communication. (Circulaire du 18 juillet 1870, n° 1131.)

ROULAGE.

4. La police du roulage en Algérie est régie par le décret et l'arrêté ministériel du 3 novembre 1855, qui ont reproduit les principales dispositions de la loi du 30 mai 1851. (Voir ce décret et cet arrêté, ainsi que la circulaire du 25 septembre 1852, n° 63.)

POSTES ET COLIS POSTAUX.

5. Les lois postales sont applicables en Algérie sans promulgation spéciale. (De Ménerville, 1830-1860, p. 551, renvoi 1 ; Sautayra, Hugues et Lapra : *Législation de l'Algérie*, 1878-1883, p. 318.)

Aux termes d'un décret du 24 juillet 1881, et d'un avis du Ministère des postes et télégraphes, insérés au *Journal officiel* du 27, le service des colis postaux établi par la loi du 3 mars 1881 est étendu à... l'Algérie. (Lettre de l'Administration du 11 août 1881.)

———

Sont également applicables, en Algérie, les lois et décrets ci-après :

PROTECTION DU BALISAGE.

6. Loi du 27 mars 1882. (*Voir circulaire du 9 novembre 1882, n° 1591, p. 2, dernier paragraphe.*)

PÊCHE COTIÈRE.

7. Décret du 9 janvier 1852; circulaire du 18 octobre, n° 70. (*Décret du 22 novembre suivant.*)

Loi du 1er mars 1888. (*Voir art. 1er de cette loi.*)

LOTERIES.

8. Loi du 21 mai 1836; circulaire du 28 novembre 1837, n° 1663. (*Décret du 15 juin 1853.*)

CHASSE.

9. Loi du 3 mai 1844; circulaire du 30 juin, n° 2028. (*Décret du 22 novembre 1850.*)

MARQUES DE FABRIQUE.

10. Loi du 23 juin 1857; circulaire du 6 août, n° 481. (*Décret du 6 février 1861.*)

Loi du 11 janvier 1892, article 15 (Douanes). (Circulaire du 22 janvier, n° 2123.)

LIBRAIRIE.

11. Les contrefaçons en matière de librairie, de typographie, de gravure et de musique gravée, sont prohibées en Algérie. (Ordonnance du 16 décembre 1843, article 12 (*Douanes*); circulaire du 22, n° 2001, et loi du 17 juillet 1867, tableau C (*Douanes*); circulaire du 23, n° 1067.)

12. Les contrefaçons sont également prohibées à la sortie. (Voir loi du 11 janvier 1892, tableau **B**.)

DROITS DE PÉAGE.

13. Alger :

La Chambre de Commerce d'Alger est autorisée à emprunter..... une somme de huit cent mille francs (800,000 francs)..... (Décret du 27 août 1890, art. 1ᵉʳ.)

Il sera établi au port d'Alger, à partir de la promulgation du présent décret, un droit de tonnage de quinze centimes (0 fr. 15 c.) par tonneau de jauge sur tout navire français ou étranger entrant chargé ou venant prendre charge dans ce port.

Toutefois, ce droit sera réduit dans les conditions suivantes pour les navires faisant simplement escale à Alger, sans y prendre ou laisser la totalité de leur cargaison, savoir :

Si le rapport entre la quantité des marchandises embarquées ou débarquées par le navire à son passage au port d'Alger, exprimé en tonneaux d'affrétement, et le nombre total des tonneaux de jauge correspondant à sa jauge légale, est au plus égal à 1/16, le navire paiera le seizième (1/16) de la taxe calculée d'après son tonnage de jauge ;

Si le dit rapport est supérieur à 1/16, et au plus égal à 1/8, le navire paiera le huitième (1/8) de la taxe;

Si le rapport est supérieur à 1/8, et au plus égal à 1/4, le navire paiera le quart (1/4) de la taxe;

Si le rapport est supérieur à 1/4, et au plus égal à 1/2, le navire paiera la moitié (1/2) de la taxe;

Si le rapport est supérieur à 1/2, et au plus égal à 3/4, le navire paiera les trois quarts (3/4 de la taxe;

Si le rapport est supérieur à 3/4, le navire paiera la taxe entière.

Sont exemptés de toute taxe les navires faisant le cabotage entre les ports du littoral algérien, les bâtiments de toute nature appartenant à l'Etat ou employés à son service, les navires se livrant à la pêche côtière, au remorquage ou au pilotage. (Même décret, art. 2.)

La perception de ce droit est concédée à la Chambre de Commerce d'Alger.

Cette perception cessera immédiatement après que le produit du droit de tonnage aura atteint la somme nécessaire au remboursement intégral de l'emprunt. (Même décret, art. 3.)

14. Arzew :

La ville d'Arzew est autorisée à emprunter.... la somme de 220,000 francs.... (Décret du 23 mai 1889, art. 4.)

L'article 5 du décret du 23 mai 1889 est modifié comme il suit :

« Il est établi au port d'Arzew un droit de tonnage de 35 centimes par tonneau de jauge sur tout navire français ou étranger entrant chargé ou venant prendre charge dans ce port.

» Toutefois, ce droit sera réduit comme il suit, pour les navires faisant simplement escale à Arzew, sans y prendre ou laisser la totalité de leur cargaison, savoir :

« Si le rapport entre la quantité de marchandises embarquées ou débarquées par le navire à son passage au port d'Arzew, exprimée en tonneaux d'affrétement, et le nombre total de tonneaux de jauge correspondant à sa jauge légale, est au plus égal à 1/16, le navire paiera le seizième de la taxe calculée d'après son tonnage de jauge;

» Si le dit rapport est supérieur à 1/16, et au plus égal à 1/8, le navire paiera le huitième de la taxe;

» Si le rapport est supérieur à 1/8, et au plus égal à 1/4, le navire paiera le quart de la taxe;

» Si le rapport est supérieur 1/4, et au plus égal à 1/2, le navire paiera la moitié de la taxe;

» Si le rapport est supérieur à 1/2, et au plus égal à 3/4, le navire paiera les trois quarts de la taxe;

» Si le rapport est supérieur à 3/4, le navire paiera la taxe entière.

» Sont exempts de tous droits :

» 1° Les navires faisant simplement relâche dans le port ;

» 2° Les navires faisant le cabotage entre les ports du littoral algérien ;

» 3° Les bâtiments de toute nature appartenant à l'Etat ou employés à son service ;

» 4° Les navires se livrant à la pêche côtière, au remorquage et au pilotage. »

(Décret du 26 janvier 1892, art. 1er).

La perception de ce droit est concédé à la ville d'Arzew, pour lui permettre de se couvrir des obligations qu'elle contracte en vertu du présent décret.

Cette perception cessera aussitôt après l'entier accomplissement des dites obligations. (Décret du 23 mai 1889, art. 6.)

15. Bône :

La Chambre de Commerce de Bône est autorisée à emprunter.... la somme de 1,400,000 francs.... (Loi du 31 juillet 1879, art. 2.)

Il sera établi au port de Bône, à partir du 1er septembre 1879, un droit de 0 fr. 30 c.[1] par tonneau de jauge sur tout navire français ou étranger entrant chargé ou venant prendre charge dans ce port. Toutefois, en ce qui concerne les navires faisant escale au port de Bône, ce droit sera perçu par tonneau d'affrétement des marchandises débarquées, et sera également perçu sur toutes marchandises exportées de Bône et qui ne seraient pas destinées à l'un des ports de l'Algérie où le navire doit faire escale. (Loi du 31 juillet 1879, art. 4.; arrêté du Gouverneur général du 19 août suivant, et loi du 7 septembre 1885, art. 5.)

Dans aucun cas, le montant des droits perçus sur un navire fai-

---

1. De 1879 à 1885, le droit n'était que de 0 fr. 20 c.

sant escale ne devra être supérieur à la somme qu'aurait produite la taxe appliquée au tonnage de jauge du dit navire.

Sont exemptés de ce droit les navires se livrant à la pêche côtière, au petit cabotage, à la navigation intérieure et au pilotage, ainsi que les bâtiments de toute nature appartenant à l'Etat.

La perception de ce droit est concédée à la Chambre de Commerce de Bône.....

Elle cessera aussitôt après l'entier remboursement de la somme nécessaire. (Loi du 31 juillet 1879, art. 4.)

16. Mostaganem :

La commune de Mostaganem est autorisée à emprunter..... la somme de 3,000,000 francs..... (Loi du 17 novembre 1888, art. 3.)

Il sera établi au port de Mostaganem, à partir de la promulgation de la présente loi, un droit de tonnage de 0 fr. 50 c. par tonneau de jauge sur tout navire français ou étranger entrant chargé ou venant prendre charge dans ce port.

Toutefois, pour tout navire français ou étranger faisant simplement escale à Mostaganem sans y laisser ou prendre la totalité de son chargement, le droit de 0 fr. 50 c. par tonneau de jauge sera remplacé par un droit de 0 fr. 50 c. par tonneau d'affrétement, applicable, d'une part, à celles des marchandises débarquées qui ne proviendraient pas d'un port d'Algérie où le navire aurait antérieurement touché; d'autre part, à celles des marchandises embarquées à Mostagenem qui ne seraient pas destinées à l'un des ports de l'Algérie où le navire doit faire ultérieurement escale. Dans aucun cas, le montant des droits ainsi perçus sur un navire faisant escale ne devra être supérieur à la somme qu'aurait produite la taxe appliquée au tonnage de jauge du dit navire.

Sont exemptés de tout droit les navires se livrant à la pêche côtière, au cabotage entre les ports de l'Algérie et au pilotage, ainsi que les bâtiments de toute nature appartenant à l'Etat ou employés à son service. (Même loi, art. 4.)

La perception de ce droit est concédée à la commune de Mostaganem, pour le produit en être affecté..... à l'accomplissement des obligations qu'elle contracte en vertu de la présente loi.

Cette perception cessera aussitôt après l'entier accomplissement des dites obligations. (Même loi, art. 5.)

17. Oran :

La Chambre de Commerce d'Oran est autorisée à emprunter..... la somme de 1,470,000 francs..... (Loi du 2 août 1887, art. 3.)

Il sera établi au port d'Oran, à partir de la promulgation de la présente loi, un droit de tonnage de 0 fr. 35 c. par tonneau de jauge sur tout navire français ou étranger entrant chargé ou venant prendre charge dans ce port.

Toutefois, pour tout navire français ou étranger faisant simplement escale à Oran sans y laisser ou prendre la totalité de son chargement, le droit de 0 fr. 35 c. par tonneau de jauge sera remplacé par un droit de 0 fr. 35 c. par tonneau d'affrétement, applicable, d'une part, à celles des marchandises débarquées qui ne proviendraient pas d'un port d'Algérie où le navire aurait antérieurement touché; d'autre part, à celles des marchandises embarquées qui ne seraient pas destinées à l'un des ports d'Algérie où le navire doit faire ultérieurement escale. Dans aucun cas, le montant des droits ainsi perçus sur un navire faisant escale ne devra être supérieur à la somme qu'aurait produite la taxe appliquée au tonnage de jauge du dit navire. (Même loi, art. 4.)

Les navires qui, dans leurs voyages entre Marseille et Mostaganem, font escale à Oran à l'aller comme au retour, doivent acquitter à chacune de ces escales les taxes locales de péage afférentes aux opérations qu'ils y accomplissent, conformément aux dispositions du § 2 de l'article 4 de la loi du 2 août 1887.

Les perceptions faites à l'occasion de ces voyages sont absolument indépendantes et doivent être considérés isolément au point de vue de la limite qu'elles peuvent atteindre. (Lettre de l'Administration du 17 mars 1891.)

Sont exemptés de tout droit les navires se livrant à la pêche côtiéré, au cabotage entre les ports de l'Algérie, au remorquage et au pilotage, ainsi que les bâtiments de toute nature appartenant à l'Etat ou employés à son service. (Loi du 2 août 1887, art. 4.)

La perception de ce droit est concédée à la Chambre de Commerce d'Oran, pour lui permettre de se couvrir des engagements qu'elle contracte.

Cette perception cessera aussitôt après l'entier accomplissement des dites obligations. (Même loi, art. 5.)

18. Philippeville et Stora :

La Chambre de Commerce de Philippeville est autorisée à emprunter.... une somme de 1,300,000 francs... (Décret du 3 février 1890, art. 1ᵉʳ.)

A partir de la promulgation du présent décret, il sera établi aux ports de Philippeville et de Stora un droit de tonnage de trente-six centimes (0 fr. 36 c.) par tonneau de jauge sur tout navire français ou étranger entrant chargé ou venant prendre charge dans ces ports.

Toutefois, ce droit sera réduit à dix-sept centimes (0 fr. 17 c.) par tonneau de jauge pour les Compagnies de navigation desservant ces ports régulièrement et au moins une fois par mois, et dont les navires seraient aménagés pour le service des voyageurs.

Seront exempts de tous droits :

1° Les navires en simple relâche ;

2° Les navires faisant le cabotage entre les ports de la côte algérienne ;

3° Les navires se livrant à la pêche côtière, au remorquage ou au pilotage ;

4° Les bâtiments de toute nature appartenant à l'Etat ou employés à son service.

(Même décret, art. 2.)

La perception de ce droit est concédée à la Chambre de Commerce de Philippeville, pour le produit en être exclusivement consacré à l'amortissement, en capital et intérêts, de l'emprunt qu'elle est autorisée à contracter en vertu de l'article 1ᵉʳ du présent décret.

Cette perception cessera immédiatement après que le produit du droit de tonnage aura atteint la somme nécessaire au remboursement intégral du dit emprunt. (Même décret, art. 3.)

Nota. — Les Receveurs des Douanes à Alger, Arzew, Bône, Mostaganem, Oran. Philippeville et Stora, ont été autorisés à effectuer la perception des taxes ci-dessus, par application de la décision ministérielle du 11 décembre 1868.

19. Beni-Saf :

Par décret du 14 juin 1876, un droit d'accostage des jetées ou des quais à l'embarquement ou au débarquement est établi dans ce port, au profit de la Compagnie des mines de Soumah et de la Tafna. Par décision ministérielle du 6 janvier 1881, le Receveur des Douanes a été chargé d'opérer le recouvrement de ce droit et d'en effectuer le versement à la Compagnie, moyennant une remise de 5 0/0 qu'il touche intégralement. (Lettre de la comptabilité publique du 7 avril 1881.)

TARIFS SPÉCIAUX

HOMOLOGUÉS PAR LE MINISTRE DES TRAVAUX PUBLICS.

Tarif n° 1 applicable à toutes les marchandises autres que les minerais de fer.

Taxe à percevoir pour accostage des jetées ou des quais à l'embarquement ou au débarquement : 2 francs par tonne de 1,000 kilogrammes, pour toutes les marchandises sans distinction de séries, et quelle qu'en soit la provenance, à l'exclusion des minerais de fer, qui restent, conformément au Tarif général, soumis à la taxe de 4 francs.

N.-B. — I. La même taxe de 2 francs sera appliquée aux mêmes marchandises qui seraient transbordées directement d'un navire sur un autre dans l'intérieur du port;

II. Les marchandises débarquées en transit qui seraient réembarquées dans le délai d'un mois n'acquitteront qu'une fois la taxe de 2 francs.

III. Cette taxe sera appliquée par fraction indivisible de 100 kilogrammes, toute fraction inférieure à 100 kilogrammes payant pour ce poids.

Tarif n° 2 applicable au stationnement des marchandises sur les quais et terre-pleins.

Taxe à percevoir pour stationnement sur les quais et terre-pleins après les dix jours francs : 0 fr. 10 c. par tonne de 1,000 kilogrammes et par jour, pour toutes les marchandises, sans distinction de séries.

N.-B. — Cette taxe sera appliquée par fraction indivisible de 100 kilogrammes, toute fraction inférieure à 100 kilogrammes payant pour ce poids.

Tarif n° 3 applicable aux bestiaux.

Taxe à percevoir par tête sur les animaux suivants, pour accostage des jetées ou des quais à l'embarquement ou au débarquement :

Chevaux et mulets.................	2 f.	» c.
Anes, bœufs et veaux.............	1	»
Porcs............................	»	50
Moutons.........................	»	25

(Lettre transmissive du Gouverneur général de l'Algérie au Préfet d'Oran, en date du 29 novembre 1885.)

Le port sera ouvert à tous les bâtiments, de quelque nature qu'ils soient, que les gros temps conduiraient à s'y réfugier, sans qu'ils puissent être assujettis, au profit de la Compagnie, à aucun droit quelconque d'entrée, de tonnage ou d'ancrage.

Ces navires n'auront pas droit d'occuper une place à quai. Ils devront reprendre la mer dès que l'ordre leur en sera donné par l'Officier du port. (Art. 13 du cahier des charges annexé au décret du 14 juin 1876.)

Seront affranchies de toute redevance les opérations que les services de la Guerre ou de la Marine auront à faire dans le port, telles que : embarquement ou débarquement de troupes, de matériel, d'apparaux, de denrées de ravitaillement, etc. (Art. 14 du cahier des charges.)

Les bateaux de pêche français pourront débarquer leurs poissons frais, en payant une redevance exceptionnellement fixée à 0 fr. 10 c. par 100 kilogrammes. (Art. 15 du cahier des charges.)

DROIT DE DÉSARMEMENT.

20. Le même Receveur est chargé de percevoir, pour le compte du Trésorier-Payeur à Oran, les droits de désarmement payés par les patrons de bateaux à sa résidence. Les perceptions sont opérées en vertu d'ordres de versement établis par le Commissaire ou le préposé de l'Inscription maritime. (Lettre de la comptabilité publique du 13 juillet 1886, transmise par l'Administration le 20.)

HYPOTHÈQUES MARITIMES.

21. Loi du 10 juillet 1885; circulaire du 22, n° 1738. (*Modification au livre second du Code de Commerce*[1].)

PRIMES A LA MARINE MARCHANDE.

Nota. — Il est entendu que toutes les colonies soumises au Tarif général des Douanes seront dans les mêmes conditions, au point de vue de la loi sur la marine marchande[2], que la mère-patrie. (Déclaration du Ministre du Commerce, de l'Industre et des Colonies, à la séance du Sénat du 26 janvier 1893.)

22. Tant que les nations qui bénéficient d'un traitement de faveur (voir les n° 2 et 3 du chapitre XI) seront admises à faire naviguer leurs navires entre la France et les ports de l'Algérie, et *vice versâ*, les navires français qui effectueront cette navigation auront droit aux avantages stipulés dans la présente loi en faveur du cabotage

---

1. Il est de principe que la promulgation dans la Colonie n'est pas nécessaire pour les lois qui... abrogent ou modifient les dispositions de l'un ou de l'autre de nos Codes. — Cour d'Alger, 25 octobre 1863 (de Ménerville, 1860-66, p. 183, renvoi).

2. Un règlement d'administration publique déterminera les conditions d'application de cette loi. (Loi du 30 janvier 1893, art. 13, § 2.)

international. (Loi du 30 janvier 1893, titre III, art. 5, § 5; circulaire du 1er février, n° 2249.)

COURTIERS MARITIMES.

23. En Algérie, la profession de courtier maritime est réglée par les arrêtés ministériels des 6 mai 1811, 13 octobre 1846, et par le décret du 17 janvier 1876.

Les courtiers maritimes ont la faculté de recourir, pour l'exercice de celles de leurs attributions qui nécessitent la connaissance des langues étrangères, à l'intermédiaire d'interprètes qui, après avoir justifié de leur aptitude devant les Chambres de Commerce, auront prêté serment devant le Tribunal de Commerce.

Les dits courtiers peuvent exercer leur ministère à l'égard de tous navires, à quelque nation qu'ils appartiennent. (Décret du 17 janvier 1876, art. 2.)

TABLE DES MATIÈRES

TABLE DES MATIÈRES

A

N

Navigation. — CHAPITRE XI.

O

Organisation du service. — CHAPITRE II.

Octroi de mer. — CHAPITRE XIII.

P

Police sanitaire maritime. — CHAPITRE XVIII.

Police sanitaire des animaux. — CHAPITRE XIX.

Ouvrages d'or et d'argent. — Voir chapitre XIV : n⁰ˢ 2 et 3, 10 à 13.

Vins vinés.   —   n⁶ 27.

Expéditions d'Algérie en France :

Produits naturels ou fabriqués : n⁰ 21.

Denrées coloniales : n⁰ˢ 22, 25.

Produits étrangers : n⁰ˢ 23, 26, 28 à 30.

Chocolat fabriqué en Algérie : n⁰ 27.

Exemption des droits de sortie : n⁰ 24.

Restrictions d'entrée : n⁰ˢ 31, 43.

Mode d'expédition d'Algérie en France : n⁰ˢ 32 à 34, 36, 38.

Vérification à l'arrivée : n⁰ 35.

Tapis achetés en Algérie par des voyageurs : n⁰ 37.

Retours : 39 à 42.

Ouvrages d'or et d'argent. — Voir chapitre XIV : n⁰ˢ 9, 10.

Sels d'Algérie.   —   n⁰ˢ 14 à 16.

Boissons.   —   n⁰ˢ 17 à 26.

Tabacs. — Voir chapitre XV : n⁰ˢ 4, 5.

Relations avec la Corse : n⁰ 44.

Relations avec les Colonies françaises : n⁰ˢ 45, 46.

S

Statistique commerciale. — Droit de statistique. — Chapitre XII.

Relevé du mouvement commercial : n⁰ 1.

Ports non occupés : n⁰ˢ 2 à 4.

Marchandises transportées par colis postaux : n⁰ˢ 5 à 7.

Droit de statistique. — N'est pas perçu en Algérie : n⁰ 8 ; est perçu en France sur les marchandises venant d'Algérie ou y allant : n⁰ 9.

T

ROUEN. — IMPRIMERIE JULIEN LECERF.

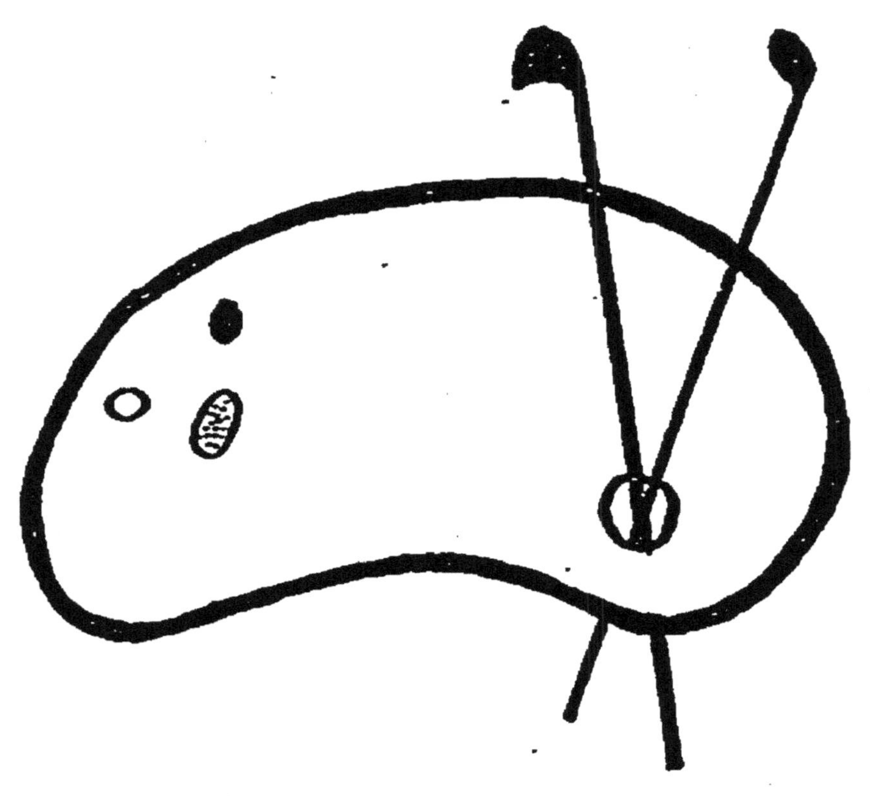

ORIGINAL EN COULEUR

NF Z 43-120-8